明
室
Lucida

照亮阅读的人

关于偶像，
アイドルについて

一边纠结
葛藤しながら
考えてみた

一边思考

〔日〕
香月孝史 上冈磨奈 中村香住
编著

小水 译

北京联合出版公司
Beijing United Publishing Co.,Ltd.

目 录

001　**前言**
　　香月孝史

005　**引言　作为契机的女性主义**
　　中村香住

015　**第一章　沐浴在无休止的视线中**
　　——偶像周遭的媒体环境和偶像日常活动的意义
　　香月孝史

039　**第二章　思考"追星"的伦理**
　　筒井晴香

069　**第三章　"'早安'拯救了女性的人生",这是真的吗?**
　　稻田易

099　**第四章　概念化的"Girl Crush"还是 Girl Crush 吗?**
　　——对"Girl Crush"概念的再讨论
　　DJ 泡沫

121　**第五章　若我用性的眼光看你是一种性消费的话**
　　金卷智子

131　第六章　试论酷儿与偶像
——从二丁目之魁 Coming Out 编织出的两义性
上冈磨奈

157　第七章　解读"偶像"的框架是如何"动摇"的
田岛悠来

183　第八章　观众能否激发表演者的"闪耀"
——以《少女☆歌剧 Revue Starlight》为例思考"追星"的矛盾
中村香住

211　第九章　如果观看偶像就像一场赌博
——"好"与"坏"的一体两面
松本友也

233　结语
上冈磨奈

前言

香月孝史

当我欣赏偶像的时候,偶尔会感到迟疑,不知不觉中这份迟疑萦绕在我的心头,久久无法散去。本书想要关注的,正是这样一种内心困惑,即人们在享受偶像文化时的矛盾心情。

所谓偶像,既可以是表演、创作等领域的从业者表达自我的一种形式,也可以是一个"场所",聚集着想要找到前进方向、探索未来道路的人们。虽然大众笼统地将之概括为"偶像",但其范围是很难简单划定的,也正因此,粉丝会基于各自的偏好,从偶像身上感受不同的可能性。

然而,这个"场所"在不断运转的同时,自身有着很多毛病,有时问题暴露出来,甚至会出现荒谬丑恶的事态。而承受这些扭曲之处的，始终是有着血肉之躯的偶像本人。正因为明白这一点，很多人尽管对偶像文化情有独钟，心中却总是抱有复杂的情感。

本书具体探讨的问题，不仅包括偶像这一领域长久以来的积习，还涉及以"被人观看"为业的人们共通的烦恼。因此，本书将偶像邻近领域的活动也纳入讨论，同时思考我们在进行的究竟是怎样一种消费。

从2010年开始的过去十多年里，受到偶像业蓬勃发展的影响，人们在论及当代文化时经常会将偶像当作剖析的对象。然而，在如此热烈的讨论声中，对偶像领域现存问题的论述并未得到系统整理，也没能进一步发展成公共议题。

当然，这并不是说没有人批评过偶像领域的不合理之处。有时候，来自"饭圈"外部的客观评价因其直言不讳而一针见血，为确立批评的大方向提供了非常重要的视角。但同时，这种直截了当的评价本身也常常夹杂着对"偶像"一词的刻板印象，面对这样不带一丝犹豫的话语，我难免感到五味杂陈，如鲠在喉。

不过，将这些质疑当作自己的问题接受下来并细心打磨，正是粉丝一方的责任。而粉丝会对这些质疑进行批判性的反思，也是因为相信偶像领域的可能性。像这样复杂而真挚的矛盾心情，原本是每个粉丝心中都应该会有的，但倘若不加记录，这份心情很容易就会消失不见，连那些质疑都会被白白浪费。

当然，这不是一个可以立刻得到明确答案的话题。本书中的各篇文章也是一边正视问题的复杂性，一边继续摸索前行。甚至有时候，越是想要厘清问题，迷惘和纠结就会越深。

即便如此，重要的还是先用自己的话语讲出内心的矛盾。如果本书能帮助大家迈出这第一步，我深感荣幸。

引言

作为契机的女性主义

中村香住

我们每天都在欣赏偶像的风采，并从中得到力量。但是另一方面，我们时常因为凝视偶像而感到烦恼和矛盾。本书想要探讨的，正是这种"在凝视偶像的过程中感受到的矛盾"。说起"偶像论"，大抵分为两种：一种是天真地颂扬偶像文化、对之全盘肯定的"御宅谈"；另一种是从外部视角出发，对偶像产业随随便便就一棍子打死的文章。本书的策划初衷是想要收集那些不轻易倒向任何一种立场的文章，我们将看到各位作者一边积极评价偶像文化实践中有趣的部分，一边将视线投向偶像业内的种种争议，矛盾着、踟蹰着对偶像进行多层次的思考。

在各位阅读这些文章之前，我想先简单谈谈近年来和偶像有关的一些议题。不过，由于具体议题在各章中都有讨论，我打算在这里重点谈一下其中的一个议题："女性主义"（Feminism）。因为女性主义实践和研究的积累，是思考偶像文化中矛盾性的重要基础之一。

提到女性主义，一些读者可能对这个词有负面的印象。但是，审视女性主义过去的积淀，不仅有助于我们指出偶像业内存在的问题，还可以为寻找积极的可能性提供启发。考虑到这些，我想先在这里稍微介绍一下女性主义。[1]

"女性主义"是一场运动，也是一种思想，旨在改变女性在当今男性主导的社会结构中，因生而为女受到的歧视和压迫。女性主义要求纠正因性别不同导致的差别待遇，以及因男女社会分工不同造成的女性生活困境。一般认为，女性主义在不同时期有过四波主要浪潮。首先，第一波女性主义浪潮兴起于19世纪下半叶至20世纪上半叶，主要注重在公共领域争取男女平等，尤其是争取继承权、财产权和普选权。之后，第二波女性主义浪潮从20世纪60年代开始发展，提出"个人的就是政治的"口号，认为除了公共领域，在私人领域也应该纠正对女性的歧视，比如社会制度和习俗中遗留的性别歧视。这波运动认为，许多对女性的歧视乍看是"个人问题",但大众正应该以此为契机,去质疑"女性"在社会结构中被赋予的性别角色。也就是,承认"个人问题"中存在着政治性问题,并通过逐一纠正这些歧视,最终使社会的整体性压迫得到改变。例如,建立在户主制度上的父权制(即男性作为一家之主,对家人拥有绝对支配权的家庭制度),就是第二波女性主义浪潮最激烈批评的对象之一。

在解说第三波女性主义浪潮前,我有必要先谈一下"后女性主义"(Post Feminism)。所谓后女性主义,指的是社会上流行的一种言论,声称"女性主义已经没有存在的必要了""女性主义结束了(女性主义的目标已经达成了)"。20世纪80年代末到90年代初登场的第三波女性主义浪潮,一方面受到后女性主义所倡导的女性新形象的影响,另一方面也对后女性主义本身提出了批判。第三波女性主义浪潮有两大特征。其一,更加关注"女性"内部的多样性。为此,女性主义学界也开始重视起了多样性(Diversity)和多元交叉性(Intersectionality,"这是一个理论框架,人们以此来理解当人种、性别、性取向、阶级、国籍、残障与否等多种属性相互交叉时导致的歧视和劣势"[2])这样的视角。其二,相较于第二波女性主义反抗社会强加给女性的"女性气质",第三波女性主义认为,"女性气质"的打扮如果是主体自己选择的话,那就是个人的自由,这才是女性主体性的表现。这即是人们所说的"女孩力量"(Girl Power)的思想背景。在这段时期里,也出现了利用流行文化的女性主义。这些女性主义者拒绝社会强加的"女孩"形象,大声呼吁"女孩"表达自我,"比基尼杀戮"(Bikini Kill)等女子乐队以朋克摇滚为中心开展的"暴女"(Riot Grrrl)运动*就是最典型的例子。为了传播这些思想并寻找同伴,也有许多"女孩"投身于"独立杂志"(ZINE)的制作。

2010年以后出现的第四波女性主义浪潮,一般指的是利用话题标签等功能,在社交媒体时代掀起的网络女性主义风潮,其代表就是"#MeToo"运动。

那么,女性主义的这些积淀和偶像这一文化实践又有什么关系呢?首先,让我们看看积极的一面。就拿女偶像来说,这是一种由女性作为主体进行自我表达的流派。尽管女偶像的表达有时可能含有"女性气质"的要素,

---

* 20世纪90年代初在美国西北部兴起的带有女性主义色彩的地下朋克音乐运动。她们试图通过音乐表达对性别歧视、父权制、强奸、家暴等问题的看法,并鼓励女性冲进男性主导的文化场景为自己发声。这种将女性主义与日常活动及流行文化结合的尝试至今仍具有启发性。——本书脚注均为译者注

但从第三波女性主义的角度来看，如果这些表达是女性主动选择而非被强加的，则可以视作是女性发挥了自己的自主性。并且，粉丝在看到女性做出这种主动的自我表达后，也会从中获得力量。在一次采访中，研究后女性主义的第三波女性主义学者高桥幸这样说道："鼓励女性进行自我表达并对此大加肯定，在这一点上，偶像文化和女性主义是可以携手共进的。这些女孩憧憬着成为偶像一样闪闪发光的存在，通过支持她们'追求自我表达'、为她们'应援'，粉丝和偶像一同追逐梦想，这是无可替代的珍贵体验。"[3] 只不过，将女性的自主性加以"商业化"这一点，也存在着危险。

另一方面，偶像业存在着从女性主义的角度看来无法忽视的陈规陋习，这也是事实。比如，基于年龄歧视（Ageism）的"毕业"制度，以及以异性恋主义为前提的"禁止恋爱"风气，等等。

年龄歧视，这种基于年龄的偏见、歧视和刻板观念，深深地植根于社会中。而偶像的"毕业"制度，不仅暗示着"到了一定年龄，就不能继续做偶像了"，同时也助长了社会上的年龄歧视。当然，偶像到了某个年龄阶段，自己认为"该辞去偶像这份工作了""是时候退出了"从而离开组合，这种自主选择并不一定就和年龄歧视有关。但是，在这种选择的背后，是一种社会共识，即偶像是只能做到某个年龄为止的工作，而这种社会共识本身包含了年龄歧视。另外，除了"毕业"制度以外，偶像之间还会经常"戏弄"年长成员，这也是一种强化年龄歧视的行为。不过，现在也出现了一些结婚后继续做偶像的例子，希望这些事例能为整个行业带来新气象。

至于以异性恋为前提的"禁止恋爱"风气，香月孝史曾对其中的双重压抑性做过简洁的说明。

> 这股风气，实际上只是在禁止"异性之间"令人联想到性的一切互动罢了。首先，"禁止恋爱"这种风气本身就是一种扭曲的压迫性潜规则，而且这种禁令仅适用于异性之间，隐含着异性恋才是标准"恋爱"的价值观。在这里，两种不同层次的压抑机制相互结合发生作用。[4]

也就是说，"禁止恋爱"这一禁令，一方面介入劳动者的私人生活，侵犯了人权，在这层意义上制造着压迫。与此同时，"禁止恋爱"中的"恋爱"被默认是异性恋，忽略了异性恋以外的恋爱（同性恋、双性恋等），这是又一层压迫。像这样的异性恋主义，不仅会通过"禁止恋爱"引起双重压迫，还会导致其他偏见，例如同性粉丝经常被当作异类。说到偶像的粉丝，人们有着根深蒂固的刻板印象，觉得粉丝一定对偶像抱有恋爱/性爱性质的情感，并且因为异性恋主义的强大影响，大众还会默认（粉丝的）恋爱对象一定是"异性"，同性粉丝在这双重意义上，很容易被人投以异样的目光。[5]

纵观女性主义和偶像本身的关系，女性主义的话语和思想有时能给现役的偶像以力量，帮助她们解决在偶像工作中遇到的困惑。例如，AKB48前总监督横山由依曾说，"在工作中经常被人说'你胖了''你瘦了'"，当她了解到这种事情"被称为外貌主义（Lookism）"后，因为知道了这个词，"对于心中那种烦闷的感觉，能够更容易去深入思考了"。[6]从早安家族毕业、至今仍以偶像身份继续活动的和田彩花也表示，"在学习了女性主义之后，我意识到我可以对一直以来让我感到不舒服的事情'大声说不'"，"我发现，因为社会看问题的角度太以男性为重，女性的生活才处处受限"。[7]

像这样，对那些有时会利用或强调"女性特质"来进行自我表现、至今仍身处男性中心主义的传统中的偶像来说，女性主义的思考方式能够成为她们的助力，帮助她们解决在这种环境下生存时面临的痛苦和困难。

本文讨论了女性主义和偶像之间的关系，但女性主义只是支撑起本书问题意识的诸多视角之一。例如，本文没能提到男偶像，但书中也有讨论男偶像的章节。本书还收录了包含其他各式各样观点的文章，这些文章在"偶像"的有趣之处／潜力和困难／问题性之间穿梭，一边纠结一边寻找答案。希望各位读者在阅读本书时，也能和我们一起，在纠结中来来回回地思考。

注释

1 在撰写本章的女性主义概述时，我主要参考了以下文献。特别是不同学者对于第三波和第四波女性主义浪潮的定义和评价存在争议，有必要详加研究。清水晶子:《フェミニズムってなんですか？》(文春新書)，文藝春秋，2022。中村香住:《レインボーにふれる》，ケイン樹里安・上原健太郎編《ふれる社会学》，北樹出版，2019。北村紗衣:《波を読む——第四波フェミニズムと大衆文化》，《現代思想》，青土社，2020 年 3 月临时增刊号。

2 AZUMI HASEGAW:《"インターセクショナリティ"を理解することから始める、差別のない社会への第一歩。[コトバから考える社会とこれから]》，VOGUE，2021 年 3 月 26 日（https://www.vogue.co.jp/change/article/words-matter-intersectionality）[2022 年 7 月阅览]。

3 羽佐田瑶子:《"アイドル・フェミニズム"新論 1 ハロプロも AKB も地下ドルも…アイドルとフェミニズムは矛盾しない！"主体的"なアイドルであることの尊さ [研究者・高橋幸さんインタビュー]》，日刊サイゾー，2021 年 7 月 15 日（https://www.cyzo.com/2021/07/post_285589_entry.html）[2022 年 5 月 31 日阅览]。

4 香月孝史:《乃木坂 46 のドラマトゥルギー——演じる身体 / フィクション / 静かな成熟》，青弓社，2020，第 125 页。

5 关于社会对"女饭追女偶"这件事的偏见和性取向之间的关系，我参考了中村香住:《"女が女を推す"ことを介してつながる女ヲタコミュニティ》，《ユリイカ》，青土社，2020 年 9 月号。

6 山崎春奈:《"今、フェミニズムに関心があります"アイドルの彼女が自分の言葉で語り始めた理由》，BuzzFeed News，2021 年 3 月 4 日（https://www.buzzfeed.com/jp/harunayamazaki/yokoyama-yui-2）[2022 年 5 月 31 日阅览]。

7 臼井杏奈:《新しいアイドル像を表現する和田彩花業界に必要な変革とは？》，TOKION，2021 年 2 月 5 日（https://tokion.jp/2021/02/05/ayaka-wada-idol-industry-needs-to-change/）[2022 年 5 月 31 日阅览]。

第一章

沐浴在无休止的视线中

——偶像周遭的媒体环境和偶像日常活动的意义

香月孝史

1 日常化的纪录片

描绘"偶像生活"的 MV

乃木坂 46 在 2021 年发布了歌曲《我会喜欢上自己》的 MV,这支 MV 教科书般地展示了包围着当今偶像的媒体环境。

《我会喜欢上自己》的 MV 由奥山大史执导,在 MV 的开头,成员们以山下美月为中心翩翩起舞,乍看像是很常规的舞蹈镜头。但是,第一段副歌过半后,摄影机从某一刻开始往后拉远,将拍摄舞蹈场面的器材和工作人员也一同拍了进去,画面构图看起来就好像幕后花絮一样。也就是说在这里，影像的类型发生了错位，从"展现舞蹈表演的 MV"变成了"成员们拍摄舞蹈 MV 时的花絮镜头"。

随后，镜头显示成员们在拍摄完 MV 后回到了外景大巴上，换上便装的山下和周围人道别后下了车。下一幕，山下步行回到家中，和家人围坐在餐桌旁，仿佛进入了私人时光。然而，山下和父母聊着聊着突然脸色一沉，就在这时，从正在餐桌侧面拍摄这幕的摄像机前面，突然伸出了场记板，"咔"一声过后，山下和其他演员像是松了口气般欢笑起来。换句话说，之前的片段看起来是在表演"山下的私人时光"，其实是在表演"山下作为演员出演的家庭剧中的一场戏"。

拍完这场戏后离开摄影棚的山下，在涩谷的西班牙坂*和成员斋藤飞鸟、与田祐希会合。这次终于是好友私底下一起快乐逛街了吧，正当观众这样想的时候，山下一行三人突然回过头摆起了造型，画面里出现了摄影师在给三人拍照的景象。也就是说，这个瞬间也并非在模拟私人时光，而是在展现三人作为杂志模特在户外拍照时的样子。之后，山下和另外两人分开，坐上了接送

---

* 位于东京涩谷的一条坡道。

的出租车离开拍摄现场，似乎终于能从他人的视线中暂时逃离一会儿了。没想到，车内安装的摄像机其实在偷偷拍摄休息中的山下，而这段车内影像被制作成VCR用在了综艺节目中。然后，包括山下在内的乃木坂46的成员们参加了这档节目的录制，大家一边看着VCR中山下在车里的举动，一边做出综艺反应……

《我会喜欢上自己》的MV沿着这样的轨迹，展现了偶像这一身份在今天具有的双重特性。

其一，偶像的多职能性——偶像作为艺人，横跨多个领域，在不同场合扮演着不同的角色。在上述MV中，乃木坂46的成员化身歌曲表演者、电视剧演员、时装模特和电视节目嘉宾等，在多个性质各异的领域游走，随时切换状态，演出当下场合需要的"模样"。换言之，乃木坂46通过情景再现的方式，演绎了偶像不间断扮演各种角色的专业姿态，全局性地回答了"乃木坂46究竟是做什么的？"这一问题。与专注在单一领域活动的艺人相比，偶像的专业性不容易被认可，常常被认为没有什么技术含量。但实际上，偶像的职业特性是什么呢？MV是偶像代表性的一类内容产品（Contents），《我会喜欢上自己》正是以MV的形式，将偶像的职业特性展现了出来。

不过，本章更想关注的是MV中反映出的、偶像具有的另一个特性。在MV中，如同嵌套结构般反复上演着这样的情景：哪怕乍看是舞台下私人时光的瞬间，也被理所当然地拍下来加工成了内容产品。这意味着，今天的偶像已经将极为私人的空间也贡献了出来，用作"供人观赏"的素材。从事娱乐行业的偶像过着一种台上和台下相互侵蚀、界限模糊的生活，在这支MV中，偶像通过自己的亲身演绎，象征性地还原了这一现状。

从这些角度来看，《我会喜欢上自己》的MV与其说是拍摄"偶像歌舞"的影像，不如说是表现"偶像生活"本身的作品。

偶像"再演"偶像

话说回来，在如今的偶像界，展现"偶像生活"的内容产品并不是什么特别稀罕的东西。相反，有赖于数不清的幕后花絮和五花八门的社交媒体，如今的偶像私底下也被各种自我宣传的机会包围着。偶像在身处的环境里，每天以各种方式展现自己的个人魅力，这几乎成了一种常态。所以，偶像不仅要跨越多个领域扮演受人追捧的对象，同时还要以现身说法的方式——换言之，以纪录片的方式——向外界不断披露"偶像生活"的实际样态,这本身也成了他们工作职责的一部分。

像这样将广义上的纪实风格纳入表现形式和内容产品中,是当代各个领域的影像文化共有的特征。渡边大辅[*]在谈论影像文化的现状时,提出了"纪录片的时代"这个说法,他将之视为当下影像文化的特征之一,并重点关注了"伪纪录片"这种体裁。伪纪录片和真人秀节目在今天的流行,"恰恰象征着人们对当代影像的看法。由于使用监控摄像头和手机拍摄的照片、视频等在整个社会中广泛传播,影像传递出的真实与虚构、本性与演技之间的界限变得极其模糊"。[1]在这种时代背景下,如今伪纪录片式的表现形式变得越来越常见。也因此,人们有时将伪纪录片这种手法,看成是作品制作精良的象征。在这样的趋势下,渡边注意到了"本性"与"演技"的多重性,以及名为"再演"的潮流。

渡边从演员山田孝之亲自扮演"山田孝之"的《电影 山田孝之3D》(导演:松江哲明/山下敦弘,2017)谈起[2],接着又援引了《杀戮演绎》(导演:乔舒亚·奥本海默,2012)、《15点17分,启程巴黎》(导演:克

---

[*] 渡边大辅(1982—),日本电影史研究者、评论家,主要研究日本电影史、影像文化论和媒体论,著有《图像的进行体》(2012)等。

林特·伊斯特伍德，2018）等影片，这些电影以真实事件为蓝本，有时会让事件的亲历者在镜头前还原当时的情景。渡边指出，在伪纪录片变得主流化、精良化后，后电影（Post Cinema）时代应运而生，"再演"作为上述作品的特色，正是这一时代状况的体现。当我们从这个角度观察影像作品时会发现，先前提到的《我会喜欢上自己》的MV也正是顺应这一潮流的产物，当事人在作品中亲自"再演"了偶像生活。

如同渡边注意到的那样，伪纪录片变得司空见惯，是因为当代文化产业将纪实元素和表演元素糅合在了一起，而偶像就是具有这种特性的娱乐业代表职业之一。特别是对偶像来说，不光要在特定的作品和活动中根据要求扮演相应的角色，连自己日常活动的点点滴滴，也在纪实元素和表演元素的混同下，被打造成了一场不间断的秀。

"精良作品"遗漏的东西

诚然，《我会喜欢上自己》的MV以象征性的方式，描绘了偶像无时无刻不在"被人注视"的现实，并通过让偶像本人再演这一情境，揭示了在这种特殊环境下潜藏的恐怖。但另一方面，在 MV 的最后，乃木坂 46 露出的神情却仿佛在静静展示着她们对自身工作内容的骄傲，MV 也就此漂亮地画下了句点。当然，这部作品的中心人物是在 2021 年作为演员有着长足进步的山下美月，因此这样的结尾无疑是合适的。

然而，这部作品积极向上的收尾方式，也在某种程度上淡化了偶像周遭的媒体环境蕴含的危险和扭曲。台上和台下的界限变得模糊，走到哪里都在"被人注视"——过着如此生活的偶像们日常面临的诸多问题，不如说正是被这样的"精良作品"给遗漏掉了。在《杀戮演绎》的结尾，此前一直平静地"再演"自己过去暴行的角色突然态度大变。渡边对此解释道："这表现了'再演'本身的不可能性，以及人们直面'现实'时的反应。"[3] 如渡边所言，有血有肉的人，连同其周围的真实社会，是无法被安然无恙地收编进那些力求"制作精良"的故事中的。

事实上，乃木坂 46 在《我会喜欢上自己》的 MV 中再演的偶像活动，比如拍摄 MV、电视剧、杂志和综艺节目，已经是表演者相对容易区分台上台下的那类了。而且，这些活动附带的幕后花絮等，也是消费者从很久以前就看惯了的东西。

但是，决定当今偶像业特性的，却不是上述这些人们早已熟知的内容产品，而是这些东西以外的诸多事务。换句话说，像是无法明确界定什么时候是工作时间、活动的间隙也有摄像机在记录着、要通过多个社交媒体与粉丝互动……这些事情在MV中都没能作为正式的劳动时间得到展现，但恰恰是这种无时无刻不在自我宣传的"偶像生活"，才体现出偶像在如今这个时代的特性和难处。

2 "看与被看"的前方

沦为表演的亲密关系

通过制作花絮、社交媒体等，将偶像的个人魅力和伙伴关系以幕后抓拍的形式呈现，这在现下的偶像界早已是标配的内容产品。在这样的环境中，偶像自身也清楚意识到，自己的个人魅力无时无刻不在"被人观看"。生田绘梨花是乃木坂46的前成员，2021年从组合毕业，她在前述的《我会喜欢上自己》的MV中也有出演。毕业前夕，她和同组合的成员秋元真夏有过一次对谈。在对谈中，关于两人之间的亲密关系究竟属于"主动供人观看"还是"被动受人观看"，她们这样说道——

生田：我为了表现对真夏的喜欢，不是经常会过来黏着你嘛。我自己是更想在旁人和镜头看不到的地方做这种事，但是真夏马上就会关注身边有没有其他人。

——是想向第三人炫耀"有人来黏我了！"吗？

生田：是的是的。这点真希望她能改一下！

秋元：在我看来，在谁也看不到的二人空间里，黏黏糊糊地说着"不要啊"之类的话互相打闹，那才是莫名其妙呢。

生田：不是哦。我可不是为了表演给别人看才这么做的。是完全出于个人的行动。

秋元：有人来黏我的时候，招呼周围人来看是不对的吗？

生田：也不是说不对，毕竟身为偶像，很难摆脱那种想法吧？

秋元：确实是这样。总是会在意花絮摄影机呢。

生田：我倒不是觉得偶像这么做不好。但是，自己的本性和"想要被大家看到的模样"之间出现落差时，我有时候心里会有疙瘩。

秋元：是觉得"我把朋友关系变成了表演"吧？

生田：如果把两个人的关系变成了用来展示的东西，可能彼此之间都会演起来吧。那样的话，就搞不清楚什么才是真实的了。我希望我和真夏的关系里没有谎言。[4]

从这段对话中，我们可以一窥偶像在"偶像生活"中体验到的"本性"和"演技"的多重性。换句话说，作为当事人的偶像很自然地明白，和她们私生活相关的内容带有纪实性质，会被加工成粉丝想要看的内容产品。但是，如此无休止的商品化，对表演者本身来说，并不是能毫不犹豫就接受的事情。当私人性质的关系变为"供人观看的娱乐内容"，当事人的一举一动就成了对"本性"的"再演"，原本的亲密关系在表演和私生活的间隙遭到了侵蚀。从生田的话语中，我们可以看到由此引发的内心矛盾。

如今的时代，粉丝不光凝视着偶像的私人关系，他们的反应也比以往任何时候都更赤裸裸地摊开在偶像本人面前，上述矛盾因此变得更为深刻。不仅如此，在一个社交媒体无孔不入的媒体环境中,"被看"这件事本身也比过去沉重了太多,且逃无可逃。

煽动粉丝的媒体环境

上面说的社交媒体无孔不入的媒体环境,一方面意味着偶像本身不断被驱使着去宣传活动成果、个人魅力和最新动态,另一方面也意味着粉丝在享受这一切的同时,他们的消费行为会不断传递给偶像。毫无疑问,这种相互关系成了偶像在寻求自我认同和表达场所时的重要依据。但与此同时,这种环境也会让粉丝投射的各种欲望膨胀,最终可能导致他们向公共空间不断发布诽谤中伤的内容和流言蜚语。

而且,正如大卫·莱昂*通过"监视文化"一词指出的那样,"不仅被观察是一种生活方式,观察本身也是","普通人为监视做出了前所未有的贡献",以至于今天社交媒体上每日供人观察的数据信息,正来自用户

---

* 大卫·莱昂(David Lyon, 1948—),加拿大社会学家,从20世纪80年代起开始研究新型技术对社会的影响,尤其以对监控相关问题的研究而著称,代表作有《信息社会》(1988)、《电子眼:监控型社会的崛起》(1994)、《监控社会:日常生活的监视》(2001)等。

自身创作的内容。[5] 对偶像来说，不光是在官方渠道发布的信息，连私事或是进入演艺圈前的行为痕迹，都要遭到粉丝的刨根问底。粉丝不仅要求偶像过去的经历也符合自己的理想，甚至会蛮不讲理地冠以黑历史之名。这种"监视文化"长久以来一直是偶像业的一部分，与所谓的"禁止恋爱"风气相互勾结，助长着想要揭开偶像"真实一面"的欲望。

户田真琴[*]从艺人的角度出发，剖析了艺人和粉丝之间的关系结构："有些粉丝会要求我连私底下的一举一动都必须扮演'性感女神'的形象，这种工作范围之外的过度要求，是超出偶像和粉丝关系的逾矩行为。"但是，"偶像文化的经济模式是依靠粉丝的'好感'建立的，粉丝的要求在某种意义上有着近乎强制的力量，实际上，想要无视粉丝的要求、与之切割十分困难"。[6] 换言之，对基于"好感"的关系来说，到哪里为止是出于工作职责而提供的服务，这不是能用非黑即白的态度轻松划定的。因此，面对粉丝不断升级的要求，偶像很难明确地拒绝或是表明底线。

---

[*] 户田真琴（1996— ），原成人影片演员、小说家、影评人、专栏作家、电影导演、歌手，经常从自己独特的经历和视角出发，书写对性和性别的感悟。

有关粉丝的消费行为，户田进一步关注了这样一种情况——比起活生生的人，偶像越来越多地作为简单易懂的"人设"（Character）被消费。户田先是谨慎地提起，从近来的偶像形象能看到，僵化的性别气质观念正在松动，随后她指出，"'男子气'也好，'女人味'也好，'（虽然是男人但）心思细腻'也好，'（虽然是女人但）强势而有个性'也好，尽管这些最开始都是一个个独立个体具备的气质，如今却被简单地归为'某类人设'"。偶像不是作为有血有肉的人，而是作为"人设"被对待，其结果是"在如今的环境中，消费者对于他者的容貌、性格、特质单方面地做出评判，成了理所当然的事情"。[7]这里的问题并不在于表面上这些评判内容是赞美还是诋毁，而是说，对于本应有着真实人格的偶像，当面或是在公共平台上无休止地指手画脚这件事本身就十分残酷。我们不但应该警惕这样的现象，作为消费者，也要小心对这种行为感到习以为常。

为这一趋势推波助澜的，如上文所述，正是不断传递和展示消费行为的媒体环境。因此，我们必须重新思考，粉丝应该做出何种改变。

来自偶像的回应

不过今天，偶像越来越多地开始针对粉丝的行为给出自己的回应。尽管大环境总是驱使着偶像不断通过视频提供服务、通过社交媒体输出内容，但这对偶像来说同时也是一个机会，可以借此回应外界无数的声音并亮出自己的态度。这并不值得惊讶，毕竟偶像不仅仅是单方面接受凝视的对象。偶像的发声批判性地点明了这样一个事实：粉丝应对自己在公共领域的言行负有责任。

AKB48 的柏木由纪偶尔会在自己的官方 YouTube 频道上，以视频形式回复观众在评论区的留言。在 2020 年 8 月 28 日发布的视频[8]中，柏木提到了之前上传的一则视频，内容是总结自己在拍摄杂志写真时的固定流程。针对那则视频评论区里满口黄腔的不礼貌留言，柏木直率地做出回应，并明确指出了留言的问题所在："你会对一起工作的女同事说这种话吗？你会当着女朋友父母的面说这种话吗？""对异性朋友、同学、同事不能说的话，就不要写在评论里。要写就写对自己父母也能说的。"听到柏木的这番话，有些人在评论区留言说，如果不想被用性的眼光看待，那就不要穿泳装啊。面对如此强词夺理的评论，柏木在同年 12 月 10 日发布的视频里回应道:"我并不是在说,不要用色情的眼光看我。但我也不是在说,请用色情的眼光看我。我只是在说,留言的时候注意一点吧。"[9]再次解释了自己的意图。在上述这些视频里,柏木还批评了评论区里其他的一些留言,例如出于年龄歧视对他人外表进行的比较和咒骂等。

柏木的上述回应,为我们思考粉丝应该如何对待偶像,提供了一个重要的讨论点。换句话说,柏木在这里关注的并非粉丝对偶像抱有怎样的幻想和欲望,而是在公共层面上,粉丝以怎样的方式向外界传递信息。

粉丝将幻想和欲望投射到艺人身上,从根本上说无非是一种自说自话的行为。但假如粉丝只是在心里想一想,那就不该被限制,也不可能完全受控制。只有当这些想法在外部世界以具体的言行表现出来时,才会直接作用于艺人,成为有形或无形的控制和伤害。柏木的回应,点出了今天各个领域的艺人和粉丝之间,这类问题应该遵循的原则。

柏木的发声可以说是一个极为典型的例子。事实上,像这样对粉丝的言行以某种形式表达反驳或不适,在今天的偶像身上并不少见。然而,多数发声存在于日常情境中,通常只是偶像在各种社交媒体或视频网站上自我宣传时提到一两句。这些发声并不依靠什么专门用来发表声明的渠道，而是会随时出现在每天的活动中，只不过有时是在无法留档的视频直播和社交媒体的限时动态里（代表性的有Instagram的"快拍"模式），所以很少会有粉丝群体以外的人注意到，时间一久基本就被遗忘了。正因如此，我们不该对偶像的日常实践"视若无睹"，能否思考这些实践的意义并给出公正的评价，这取决于一直注视着偶像的粉丝们做出怎样的行动。

偶像日常活动的政治性

在上一节中，我使用了不要对偶像的日常实践"视若无睹"这种说法。这是因为在人们的讨论中，"日本偶像"和其他国家的流行明星相比，经常给人留下不谈论政治或是不发表主见的印象。但真实情况是，在日本偶像界，拥有多个高自由度的表达场所对偶像而言几乎是一种常态（不过相对地，偶像也被要求不断输出内容），如何表达自我，不如说已经成了偶像个人成功的关键。当然，就像前面提到的柏木的例子，偶像本人的发声与其说是在宣告他们大写的政治立场，不如说是在表达他们在日常具体情境下的想法，或是吐露自己在公开活动中的感受。然而，如果人们在勾画"日本偶像"的形象时，不重视甚至压根未能认识到偶像明星的这些日常活动具有政治性，这将是对偶像主体的一种轻慢。

事实上，偶像很清楚自己一直处于无数人的注视之下，同时也对自身身份带来的舆论影响力了然于心。日向坂46的宫田爱萌在自己的博客里提到了艾丽斯·杨*的著作《走近非二元性别》[10]，她先是谈到自己对性别认同问题的兴趣以及从书中学到的知识，随后表达了对粉丝反应的顾虑："把自己阅读这本书的事情说出来，可能会有人觉得现役偶像聊这样的内容太稀奇、太激进了。"接着她说，"也许此时此刻正有为此烦恼着的年轻人"，"我想，这种时候，如果我们这些在媒体上露面的人能够告诉他们，'没关系，我们是你的同伴哦'，或许能够帮到他们一点吧"。[11] 在这个例子中我们能看到，那些拥有广泛知名度、跨越多个领域并在大众媒体上长期曝光的偶像，非常清楚自己作为发声者具有的影响力。

再举个例子。到2021年为止在AKB48活动的横山由依，在籍时曾在自己的社交账号上推荐过赵南柱的《82年生的金智英》[12]，并在媒体上谈论了自己的读后感。

---

* 艾丽斯·杨（Iris Young, 1949—2006），美国政治理论家、女性主义者、人权活动家，研究涵盖当代政治理论、女性主义社会理论、公共政策规范分析等，代表作有《正义与差异政治》(1990)、《像女孩那样丢球》(2002)等。

早前，韩国偶像组合 Red Velvet 的 Irene 曾因公开表示读过这本书，在韩国国内受到了猛烈的舆论攻击。当采访者提起这件事时，横山说道："对我来说，说出读过这本书，也是需要一些勇气的。""但是和'可能会被攻击'这种不安比起来，我更担心的是无法好好表达自己的想法，这一直是我自卑的地方。我能说清楚这本书触动我的理由吗？这才是让我烦恼的。"在坦陈内心矛盾的同时，她也谈及了自己对相关问题的思考："我越来越真切地感受到，世界上存在着许许多多不能用一句'我不知道'就轻轻带过的事情。""女性的问题和生存困境——现在我第一次感受到关心着这些的女性主义离自己那么近，对此产生了浓厚的兴趣。"[13]

像这样的感受，与女偶像在社会中面临的生存困境是息息相关的。正如在本书引言《作为契机的女性主义》里中村香住提到的，横山也说，"最明显的，我在工作中经常被人说'你胖了''你瘦了'……原来这个叫'外貌主义'啊，知道了这个词后，对于心中那种烦闷的感觉，能够更容易去深入思考了"。"另外，我也和经纪人谈过这个问题，虽然女性在整个社会中的地位仍然很低，但女偶像尤其会被人用一种'反正你什么都不会做''你自己也觉得不用长大挺好的吧'的眼光看待。"[14]从横山的话中可以看出，偶像在社会和偶像业内部受到的凝视有多么严重。在采访的最后，横山说道，"因为过去有人发出了声音，才有了我们今天的生活。哪怕是一点点也好，我也希望能慢慢发出属于自己的声音。即使不能立即做到，但我希望未来的孩子能在这个世界上更自由地活着"，由此也能看出她对于自己的身份所拥有的影响力有着客观的认识。

以上列举的是一些在偶像的日常实践中，发声态度相对明确，且广为人知、容易被引用的事例。从这些事例中可以看出，偶像不单承受着来自众人的视线，还会反思投向自己的视线并给出回应，同时有意识地想要利用自身身份去影响社会。在思考由"日本偶像"衍生出的广泛课题时，留意并重视这些偶像的自发行为也是至关重要的。

3 在认可和消费间彷徨

考虑到日本偶像的主体性表达往往被忽视，我们有必要关注偶像在日常发言中表现出的主见，以重新审视那些与现实不符的刻板印象，提高讨论的准确性。然而，即便在偶像的主动表达中可以找到明确面向社会发声的案例，但这并不意味着只有这样的表达方式才是应有的、"正确的"。说什么、怎么说、说不说、选哪个领域说——偶像的表达方向极其多样，这正是当今偶像生态的特点之一。无论是偶像个人的想法还是其表达方式，总是会突破粉丝的意愿和想象力。如果一个人希望偶像以特定的方式表明特定的态度，并把这种想法强加在偶像身上，这不过是粉丝在投射自己心中"正确的"理想形象罢了。

当然，即使我们可以对偶像个体的日常实践寄予几分希望，这也绝不意味着要否认偶像这一行业本身在纵容对偶像本人的扭曲和压迫。在本章中我们看到的是，人们将理想和欲望无穷无尽、毫不客气地投射在偶像身上，整个业界则时常对指向偶像的目光和言辞中的歧视无动于衷。柏木由纪和横山由依会说出那样的话，也正是因为自私自利的价值观和欲望一再投射向偶像。

户田真琴是一名笔耕不辍的成人影片演员，她从自己的角度切身说道："当资本主义为了吞噬人类的尊严而露出獠牙之时，站在卖家一方能做的事情实在有限，如果作为主体的买方不改变意识，世界很难有大的变化。"她还将改变之道指向了受众，说"消费者越是对刺激感到麻木，追求更加过激的内容，制作方就越是卖力生产"，"改变世界靠的不是具有戏剧性力量的明星，而是凝视着明星的你"[15]。受众一旦习惯于享受偶像的个人魅力，便会忘了那是背负着独特人生的鲜活之人的人格，不自觉地消费起户田真琴称之为"人设"的东西。

本章从纪录片式的表现形式开始讨论，在过去的十多年中，我们今天所熟悉的团体偶像这一类型得到了蓬勃发展，而纪录片式的表现形式因其近距离捕捉偶像的个性，成了团体偶像最具代表性的一类内容产品。以2010年之后AKB48的院线纪录片系列为代表，片中连偶像疲态尽显的画面都毫不留情地展现了出来，观众很容易就习惯了这样的场景，并将其作为故事来消费。另一方面，特别是2015年以后，着重表现偶像之间亲密和羁绊的作品似乎成了主流，而不是像过去那样强调偶像活动的严酷，以及相互竞争的价值观。然而，从之前引用的生田绘梨花的烦恼中也可以看出，即便是偶像之间看似温馨和睦的关系，粉丝也未必就能心安理得地欣赏。对这种以偶像个人魅力为催化剂的"刺激"，我们有点太习以为常了。

为了让偶像自身获得认可，也为了让粉丝对偶像保持喜爱，展现表演者个人魅力的内容产品一直作为不可或缺之物存在着。正因为这样的产品具有强烈的吸引力，我们才必须时刻警惕和忖度其危险性，不断寻求平衡，让偶像文化能够延续下去。而这种探索，恐怕将永无止境。

注释

1 渡邊大輔:《新映画論ポストシネマ》(ゲンロン叢書),ゲンロン,2022,第83页。
2 渡边大辅在同一本书中提到,《电影 山田孝之3D》的联合导演之一松江哲明被先前电影中的一名参演者指控性骚扰,除了进行中的案件和公开信息外,他不知道更多细节。他在书中将松江的作品和相关案件切割开来,只讨论作品本身,但他也明确表示,自己绝不容忍任何形式的骚扰行为。本章中引用并参考了渡边的文章,对于松江的作品也和渡边持同一立场。
3 同注释1第112页。
4 生田絵梨花:《生田絵梨花 乃木坂46卒業記念メモリアルブック カノン》,講談社编,講談社,2021,第70页。
5 デイヴィッド・ライアン:《監視文化の誕生——社会に監視される時代から、ひとびとが進んで監視する時代へ》,田畑暁生译,青土社,2019,第819页。
6 《戸田真琴と考えるアイドル業界の歪み。一方的に夢見るだけじゃない"推し活"を》,Fika,2021年12月27日(https://fika.cinra.net/article/202112-todamakoto)[2022年6月7日阅览]。
7 同上。
8 《コメントにいいね押すつもりが変なコメント多すぎて柏木由紀怒ってます》,ゆきりんワールド,2020年8月28日(http://www.youtube.com/watch?v=m3v_7RXFSyk)[2022年6月7日阅览]。
9 《コメント欄パトロールします!!!》,ゆきりんワールド,2020年12月10日(https://www.youtube.com/watch?v=Q4P-R0kbaO0)[2022年6月7日阅览]。
10 エリス・ヤング:《ノンバイナリーがわかる本——heでもsheでもない、theyたちのこと》,上田勢子译,明石書店,2021。
11 《昨日の夜ぷりん買ってあげました》,宮田愛萌公式ブログ日向坂46公式サイト,2022年3月26日(https://www.hinatazaka46.com/s/official/detail/43223?ima=0000&cd=member)[2022年6月7日阅览]。
12 チョ・ナムジュ:《82年生まれ、キム・ジヨン》,斎藤真理子译,筑摩書房，2018。
13 山崎春奈:《"今、フェミニズムに関心があります"アイドルの彼女が自分の言葉で語り始めた理由》，BuzzFeed News，2021 年 3 月 4 日（https://www.buzzfeed.com/jp/harunayamazaki/yokoyama-yui-2）[2022 年 6 月 7 日阅览]。
14 同上。
15 同注释 6。

第二章
思考"追星"*的伦理

筒井晴香

1 问题设定和至今为止的讨论

应该有不少人将"追"偶像视作人生中具有重大价值和意义的事吧。另一方面,"追星"的粉丝和"被追"的偶像,有时会在这一过程中承受巨大的身心疲劳和经济负担。相信也有很多人,每天目睹自己和其他人的"追

---

* 日语中的"推す"一词,指的是对某一对象抱有强烈的喜爱之情,以至于想要向别人推荐的状况。虽然和中文的"追星"有共通之处,但其对象不局限于偶像或明星,而是连二次元角色、吉祥物、色情行业的从业者,甚至网络上的普通人等都可以包括在内,作者在下文中亦有详细提及。但不管对象如何,从形式上看,依然是把传统上喜爱明星的方式挪用、扩大到了其他对象身上。有时也根据情况将"推す人"和"推し"译作"粉丝"和"偶像",希望读者能以一种广义上的意义去理解此章中对于"追星"的讨论。

星"活动,以及"被追"的人的反应,而在心中产生负罪感和担忧,不知道自己这么做到底对不对,也不知道究竟怎么做才是正确的。"追星"到底是不是一件好事?我们应该如何"追星"?社会应该如何看待"追星"这件事,以及"追"与"被追"之间的关系?这些都是"追星"活动所引发的伦理问题。

想要理解"追星"活动以及"追"与"被追"之间的关系,探讨其中的是非对错,所涉及的问题将涵盖很多领域。本章的目的不是要直接回答上面这些问题,而是想对这些问题涉及的论点和领域进行整理,绘制出一张示意图供大家参考。

"追星"的价值

笔者以前研究过"追星"活动的价值和意义,及其在伦理方面的问题。接下来将对主要观点做一下简要回顾。

在 2019 年发表的拙作《名为"追星"的狭路及其伦理》[1]中,笔者试图支持将"追星"看作"爱"的一种形式的想法,批驳了一些可能存在的反对意见,并将"追"与"被追"的关系看成一种亲密的人际关系。文中论点大致如下。

"追星"的特点之一，是它脱离了今天的性与爱的范式。例如，尽管粉丝看上去像在恋爱，但并不必然以交往和结婚为目的，关系模式是一对多，相较于通常的人际关系缺乏相互性等。此外，很多人会担心粉丝将"追星"仅仅视为满足欲望的工具——粉丝经常会被说成是在"消费（偶像）"——以大量金钱介入"追星"活动的现实等，这些也使得"追"与"被追"的关系看起来不太像"爱"。尽管如此，我们也不能就此断言"追"与"被追"成为不了一种"爱"的关系。"追"与"被追"的关系可以看作是一种在当今的社会、经济和技术条件下出现的独特的人际关系。由于缺乏类似的范例，思考在这种关系中如何行动、如何关心对方是一个相当困难的问题，然而，这并不意味着无法做到。——如上，《名为"追星"的狭路及其伦理》一文，通过在亲密人际关系的大框架内审视"追星"的概念，为思考"追星"的伦理问题提供了一个视角。

另一方面，笔者在发表于2020年的《在孤独中，在痛苦中》[2]里探讨了"追星"在不同于通常的"人际关系"的框架下，所能带来的价值和意义。简言之，由于偶像多数情况下并不会回应粉丝，因此借着对偶像单方面的倾慕，粉丝有机会投入孤独的思考中，充分获得独自内省的时间。

笔者通过以上这些方式，试图把握"追星"活动、"追"与"被追"的关系，并思考其意义、价值和优缺点。然而，有关"追星"的伦理，可以讨论的还远不止这些。到目前为止，我们是在相对狭窄的人际关系范围内思考"追星"这件事的，比如"追星"的个体、"追星"的人和偶像之间的关系、"追星"的人和周围人的关系。然而，如同我们将在下文看到的，"追星"作为人与人之间进行的一种规范化和习惯性的活动，已经获得了某种社会认知度和地位。当我们像本章开头提到的那样，思考"追星"相关的伦理问题和内心矛盾时，也不能忽视这一面。

接下来，笔者将更为仔细地检视"追星"这件事在社会中的定位。"追星"作为一种活动，已经成为人们生活中的爱好之一，其形式也相对固定，笔者想要关注人们是如何实践和谈论这一活动的。下文中，在关注"追星"的这一侧面时，笔者将使用"追星活动"（推し活）这一表述。

2 "追星活动"的问题和偶像

"追星活动"的常见定义：1. 快乐向上的生活习惯

《现代思想》2021年9月号刊登的高桥幸与永田夏来的对谈中，多次出现了"追星"这个词。

> 我一直认为，除了结婚和恋爱以外，年轻人应该有其他途径来获得栖身之地。（略）然而，20世纪90年代以来，日本不断试图把这种可能性扼杀于襁褓。在过去的30年里，年轻人已经形成了他们独有的、广义上的亲密关系，但社会始终没有认可这种关系。作为能够获得社会认可的亲密关系，家庭和恋爱被很多人寄予了厚望，但我认为人们应该有更多的选择。比如高桥前面提到的"心动"，就不一定只能从恋爱里获得，从"追星"里也可以。尽管如此，社会还是倾向于把这些归拢到恋爱和家庭里去。[3]

在这里永田提出，人们通常想从恋爱中获得的东西，例如"心动"和"社会认可"，不应该只能通过恋爱来获得，并列举了"追星"作为恋爱以外带来"心动"的一种手段。永田认为"追星"可以作为一种替代手段，为人们提供典型的伴随爱情产生的"心动"，也就是雀跃、激动和幸福的感觉。

永田在对话中质疑了将恋爱当作获得心动的唯一途径的做法，而下面的例子表明，事实上已经有人在通过"追星"而不是恋爱获得"心动"的感觉了。

"剧团雌猫"是一个由四名女性组成的社团，她们出版了多本围绕特定主题让女性讲述自身体验的书籍。这四名女性都是所谓的"宅女"，在她们书中出现的女性也不例外，基本都有"追"二次元或偶像之类的兴趣爱好。《不管别人怎么说，这就是我的恋爱》一书虽然以"恋爱"为主题，但书中出现的"恋爱"各式各样，其中作者就详细谈到了对虚拟角色和偶像的爱慕，以及粉丝是怎么"追"这些对象的。

> 在现实的恋爱中，同时喜欢、约会很多人的话，会被认为是人品不好。但不知道为什么，追星的话，不管追多少人，都不会有人怪罪。反过来，就算旁人都在同时追很多偶像，也不会有人因为你对偶像一心一意就来指指点点。就算没有肉体关系，也能

沉浸在恋爱的感觉里，而且不会被责备，真是不可思议。太幸运了！[4]

作为一个宅女，我从外界摄取的心动量已经足够了（从这个意义上说，我觉得我现在更适合结婚而不是恋爱）。[5]

在书中收录的剧团雌猫成员的对谈中，其中一个成员MOGUMOGU说："我现在觉得，如果在现实中能和相处愉快的朋友或是男友、老公一起生活，同时又能从虚拟世界中获得心动的感觉，那该有多幸福啊。""要结婚对象既负责生活又负责心动，未免太强人所难了，所以能把心动外包给喜欢的偶像真是太好了！"[6]从以上发言中能看出，女性充分意识到了相比"恋爱"和"结婚"，"从'追星'中获得心动"的优势所在。

接下来要说的是NHK电视台的早间新闻节目《朝一》，这档节目会定期播出以"追星"为主题的特辑。在一篇博文中，该节目的导演讲述了制作2010年10月播出的特辑《让人生闪闪发光的秘诀！走进"追星生活"》时的一些回忆。那期节目向观众发出有关"追星"的调查问卷后，收到的回复高达45060份，"是《朝一》开播十多年来最多的一次",而平时的话,"有个几百份就不错了"。导演井上自己也在"追星",下面是他写下的对问卷回复者的采访感想。

受访者从事的职业五花八门,有大学教授、小学老师、家庭主妇、为IT公司工作的译员、自由职业者、药房员工等。自然,年龄范围也很广,从十几岁到七十多岁的都有。(略)

通过采访我感到,尽管追的对象不同,但大家的爱都是一样的,热情也是一样的,都将偶像的幸福当作自己的幸福,祈祷着偶像能身体健康……

全都是一些让人听了以后"疯狂点头"的故事。

采访的过程中,我心中反复回荡着:"啊——这种感觉我懂。"

然后,我印象很深的是,每个受访者在谈论偶像的时候,都露出了快乐而幸福的神情,看上去"生机勃勃"。他们的声音中带着雀跃,语速略快,脸上洋溢着喜悦。这样闪闪发光的笑脸让我难以忘怀。

还有一些人没有咋咋呼呼，而是沉吟"偶像已经成为我的人生了啊"，如此诉说着偶像的魅力，这也让我记忆犹新。[7]（加粗为原文所有）

文中写到的"生机勃勃""声音中带着雀跃，语速略快，脸上洋溢着喜悦"，这些"追星族"共有的态度，不正是前面提到的"心动"所带来的吗？

这里值得注意的是，"追星"作为人们生活中的一种日常爱好，在某种程度上已经普及开来了。在《朝一》的"追星"特辑节目中，节目组会将调查问卷中所有受访者在"追"的对象的名字写在一块题板上[8]，这已经成为节目的一大特色。这块巨大的板子上满满当当地写着偶像、演员和虚拟角色的名字，令人深感背后"追星族"的数量之多。

"追星"这件事会伴随名为"心动"的强烈情感。"追星族"的举动——热情、"语速快"、"脸上洋溢着喜悦"等态度，以及"我的人生"这样有些夸张的表达，在旁人眼里可能有些古怪。然而，在井上的博客文章中，他却将这些举动描述成一群人共同的、引起深深共鸣的行为。"追星"不再被看成是怪咖才会做的事，而是许多人的日常爱好，可以轻松快活地讨论它。

"追星活动"的常见定义：2. 消费

另一方面，"追星"并不总是被看作一种积极和无害的行为。作家佐佐木吉娃娃在《"嘤嘤"*这种病》一书中清楚阐述了"追星活动"的消极方面。书中分析了东京歌舞伎町一带围绕年轻人的文化和性产业，并重点介绍了"嘤嘤系女子"。这些女孩分享着一系列共通的行为模式和文化，例如身穿所谓的"量产型"或"地雷系"服装，依靠性工作赚钱，赚的钱再花到牛郎店里，通过自残等行为将自己病态的样子转变成一种时尚表演……[9]

在这本书的第四章中，作者讨论了和嘤嘤系有深刻联系的"追星文化"，并介绍了某种名为"追星活动"的热潮，其形式是在大型百货公司内举办面向粉丝的促销活动。佐佐木认为这些活动所煽动的消费行为，和接客服务业（如歌舞伎町主打男店员的主题咖啡馆、女性向酒吧和牛郎俱乐部）中女顾客为了自己"追"的店员而不断花钱的情况很是相似。

---

* 日文为"ぴえん"，最初被用来称呼某个委屈含泪的表情符号，后来这个表情在年轻人（尤其是女学生）中流行，并衍生出了相关的亚文化。此处译作"嘤嘤"，在保留其网络流行语特性的同时，暗示这种文化中视可怜为可爱的美学倾向。

"头彩票中来的一百万日元没有任何价值。你为'偶像'花的钱之所以有意义,是因为这是你以每小时一万日元的价格伺候了一百个老头子赚来的辛苦钱。"

笔者采访的某位嘤嘤系女性,一边过着卖身的日子,一边满脸憔悴地这样喊道。不少在歌舞伎町卖身的女性抱有这样的价值观:她们越是牺牲自己,越能体现对偶像的尊崇。[10]

佐佐木在解释"追星文化"时提到,在同一时期内,AKB48引入了总选举制度,并且社交媒体变得普及,这成为粉丝间开始相互比拼追星强度的契机。他将"炫耀性消费"[11],也就是"为了引起周围人羡慕而采取的消费行为"[12],看作是"追星文化"极具代表性的一个侧面。[13]而且,根据佐佐木的叙述,在今天除了偶像和动漫人物,像是YouTuber和其他视频博主、社交媒体上的普通人、宅圈里的"巨巨"*等,各式各样的人都有可能成为别人"追"的对象,有的粉丝还会花大笔钱来

---

* 网络用语,指御宅族群体中地位高、影响力大的少数领头人。

支持他们。[14]

在《"嘤嘤"这种病》第三章至第五章里，详细描绘了歌舞伎町年轻人的生存状态，比如为了去牛郎店消费而卖身赚钱的女性、在女性向风俗店工作的男性、做牛郎的男性等，也记录了发生在那里的炫耀性消费、店员为了"圈粉"而不分上下班时间在社交媒体上自我宣传的行为。从中我们能看出一对镜像关系："追星"的人为了不断表达对"偶像"的爱而投入了大量的金钱和时间，给身心和生活都造成了重负；与此同时，"被追"的人为了获得和维持粉丝的支持，也要付出艰辛的劳动、和同行你争我抢、鼓动客人消费。[15]

此外，书中还有一处值得注意的地方，那就是作者试图将"追"和"被追"的关系看作是一种和职业无关的、更为普遍的人际关系。在社交媒体文化中，一些年轻人的价值感和自我认同感深受点赞数、粉丝数等数字的影响，因为这些数字代表支持者的多寡。佐佐木称他们为"嘤嘤一代"[16]，"追"和"被追"是这代人价值观中的重要因素。该书第六章以社交媒体为主题，这样写道：

> 不管偶像长得多可爱，只要稍微说了点有争议

性的话，或是做出了让"他者"不满意的事情，粉丝就会说"没想到你是这种人。脱粉了"，然后干脆地和偶像断绝关系。牛郎之类的职业即便不会刻意去打造形象，但在谁都有可能被追的当代社会里，也会有客人擅自"入坑"，又擅自"脱粉"。人们不得不以获得点赞为前提而思考怎么说话，越来越无法分辨什么是自己的真心话，什么又是为了获得支持而说的，每天都被一种被消费的感觉包围着。[17]

我认为对嘤嘤一代来说，不仅是"个人的身体"，连"个人的言行"也成了资本主义的消费对象。观点、价值观、外表以及通过这些外表所展现的一切，都是消费的对象。人们被他者的凝视所支配，时刻想着"我有没有树立起能圈粉的人设呢？"。[18]

"追星文化"和今日偶像——享受个人魅力的娱乐活动

在上文中，我们已经了解了"追星活动"这一在某种程度上可以说是当代社会里人们所共有的习惯和实践，也见识了一些能体现"追星活动"背后的思考方式和价值观的事例。这些习惯、实践、思考方式、价值观加在一起,就构成了佐佐木所说的"追星文化"。虽然"追星文化"像本节第一部分中说的那样,有丰富人们生活的一面,但也有着第二部分中所说的巨大消极面。若要究其原因,罪魁祸首可能是煽动消费的商业模式和纵容并推动这种模式的消费文化吧。

接下来,我们来思考一下本节第二部分所描述的内容和本书主题"偶像"之间的关系。对当今偶像及偶像与粉丝的关系来说,"追星文化"的负面要素在多大程度上是本质性的呢?有人可能会认为,"为偶像心动、每天从中获得治愈的'追星活动',和打肿脸充胖子、炫耀式消费的'追星活动'是两种东西";也有人会认为,"应该能找到一种不涉及剥削性商业模式的偶像形式"。让我们参考另一学者对当今偶像生态更为深入的研究,来思考这一问题吧。

作家香月孝史在其著作《读懂"偶像"》[19]的第四章中,描绘了当今偶像和粉丝的独特生态。偶像通过演出和握手会等"现场"活动、含有幕后花絮的直播和记录视频,以及个人博客和社交媒体等网络宣传方式,刻意模糊舞台上的"台前"状态和舞台下的"幕后"状态的界限,引导粉丝关注偶像自身的个人魅力;粉丝也乐此不疲,享受着与偶像之间的双向交流。虽然书中讨论的是AKB48等女子偶像团体，但正如书中所言，"如果追偶像有一种共通的乐趣……那就是以享受偶像个人魅力为核心的互动交流"[20]，这一特征（尽管依照各个偶像的营销方式不同，可能存在程度上的差异）可以说是偶像这种娱乐类型的共性。[21]

现如今，幕后花絮往往会被不间断地记录下来，粉丝和偶像24小时都能接触到对方。以这样的媒体环境为前提，要明确设定台前与幕后的分界线，区分某一瞬间到底属于哪边，这并不是一件容易的事。无论当时在做什么，粉丝都能接触到偶像"此时此刻"的呼吸，而偶像也能了解到粉丝"此时此刻"的状态。

这种媒体环境和享受方式为那些以偶像身份生活的人提供了一个场所，偶像可以直接感受到粉丝对其个人魅力的喜爱。但与此同时，由于很难做到切割台前与幕后，粉丝的诉求和欲望也有可能侵蚀偶像的私人领域。在这样的平衡中，作为一种演艺类型的"偶像"机制，让粉丝和偶像的生活都深陷其中。[22]

在香月的这一分析中，我们应该注意到的是偶像和粉丝之间交流的双向性，以及这种双向交流在偶像那里的矛盾性。偶像们不仅单方面向粉丝展示自己的个人魅力，还会通过"现场"和社交媒体接收到粉丝的反应。这有积极的一面，即"偶像可以直接感受到粉丝对其个人魅力的喜爱"；也有消极的一面，即"粉丝的诉求和欲望也有可能侵蚀偶像的私人领域"，偶像这种娱乐形式正是建立在如此危险的平衡之上。

本节第二部分提到，人们依靠社交媒体上他人的评价来确认自己的价值，偶像所处的情况也与之类似。如果展示个人魅力和接收粉丝的反应是当今偶像职业的一个重要组成部分，且这种模式和社交媒体密切相关，那么本节第二部分中所说的"追星活动"的黑暗面，或许在偶像粉丝的"追星活动"中也存在着。

3 思考"追星"的伦理

为思考"追星"伦理而做的示意图

本节中，笔者想以上文的讨论为基础，整理一下在思考与"追星"有关的伦理问题时会涉及的论点和相关领域。由于篇幅所限,这里暂不对各论点做深入探讨,而是将以绘制论点示意图的形式,力求把握"追星"派生问题的广度。

首先,笔者想把"追星"带来的如下矛盾,作为我们整理问题时的主轴。

即是说,"一方面'追星'让人拥有了恋爱的替代品,让我们可以自由地享受心动的感觉;但另一方面,'追星'也不可避免地含有将人的身体和个人魅力商品化的嫌疑"。从中,我们可以推导出下面的①和②两个论点。

① 作为恋爱、亲密关系替代品的"追星"

"追星"意味着,对不以交往、结婚、生育为导向的爱倾注极大的重视和热情,在这点上,"追星"可以看作是对父权制下人际关系观念的一种动摇,后者将恋爱/婚姻/家庭置于人际关系金字塔的顶端。在这方面,我们不仅要关注"追"和"被追"者之间的关系,还要关注通过"追星"建立起的"追星"伙伴之间的友谊。[23]"追星"教会我们,不是只有和恋爱/婚姻/家庭有关的人际关系才是有价值的。

②"追星"中包含的对身体、个人魅力的客体化和商品化

在"追"与"被追"的关系中存在着一种危险,即"被追"一方的身体、外貌和个性会持续暴露在众多"追星者"的目光下,而"追星者"还可能以爱为借口将这种情况正当化。正如我们在本章第二节第三部分中看到的那样,这对"被追"一方来说具有矛盾性,他们在感到个人魅力受到认可的同时,也会承受负担。我们还需注意,如第二节第二部分中所说的那样,连同偶像的粉丝在内,今天任何人都可能通过社交媒体成为"被追"的一方。

此外,如同我们在第二节第二部分中看到的,牛郎俱乐部等接客服务业的从业者和顾客之间也能构成"追"与"被追"的关系,有些"追星者"还会从事性工作以赚取追星费用。如果把这些情况也考虑进去的话,那么在"追星文化"的现状中见到的许多形式,其本质可以说都是"通过成为性的欲求及行为的对象来获得金钱"。关于这种情况,我们需要谨慎地进行思考,既不能简单地归结为"这是当事人自己选择的,所以完全没有问题",同时也要避免将保守的性道德观念强加在他人身上。

其余相关论点列举如下。

③ 消费主义

当一个人和"偶像"建立起了①中提到的那种不同于一般恋爱关系的亲密关系时，如果这个人想要表达自己对这份关系的珍重，在现实中，他或她往往会被迫采取消费行为，如（通常是超过必要程度地、大量地）购买CD和周边商品。笔者过去曾非常简单地谈到过，我们有必要批判性地看待这一状况[24]，但鉴于第二节第二部分中描述的情形，这种利用个人在偶像身上感受到的依恋和价值，将其强行转化为消费行为的结构中，还包含着更为严重的问题。

④ "追星文化"中包含的异性恋主义／外貌主义

虽然在①中，我们把"追星"描绘得好像是一种具有搅乱性、革命性的性爱形式，但另一方面，在现有的"追星文化"中我们也可以发现其异性恋主义的一面。[25] 此外，"追星文化"极端重视外表的美丽，这也牵涉到了外貌主义的问题。[26]

⑤ 为"非-对人性爱"打开可能性

尽管有些超出了本书的"偶像"主题,但也有人在"追"的并非人类,而是虚拟角色等。如果我们要研究人们是如何"追星"的,也不能忽视那些将人类以外的存在视作性爱和亲密情感对象的追星活动。[27]

⑥ 单相思的意义——带来孤独的自省

在⑤中提到的对虚拟角色的爱慕,和对偶像的爱慕的共通点在于,两者理论上都是对遥不可及的、不一定有回应的对象的单相思。在拙作《在孤独中,在痛苦中》中详细分析过,这种单相思不单纯只是一种徒劳,而是有着加深"追星者"内省的独特意义。

⑦ "追"与"被追"涉及的情感管理

香月曾指出,当偶像聆听来自粉丝的声音并与之交流时,虽然这里面包含从粉丝处收获喜爱的积极一面,但也会导致偶像付出的情感劳动很难被认知。[28]

此外,从情感控制的角度来看,"追"偶像可能还涉及别的方面。在第二节第一部分中提到的那些积极向上享受"追星活动"的女性们,换个角度,也可以把她们看成是在进行所谓的情感管理。她们对"偶像"宣泄情感的方式，乍看之下或许更像是在失去自己对情绪的控制。然而，这些人以"获得心动的感觉"为目的，自发地投入"追星活动"中，并养成只在这些情境中抒发强烈情感的习惯，这么一来，倒不如说是她们在主动选择宣泄情感的环境。如果我们把"追星"看作是在对心动、依恋等情感进行有意识的管理，这或许将为我们开辟一条道路，将"情感管理"、"情感劳动"和"情感资本主义"这些情感社会学领域的概念和讨论[29]，更广泛地应用在对"追星"这一话题的分析中。

⑧ 社交媒体和互动交流

正如第二节第二部分中说到的，社交媒体和"追星文化"的消极面密切相关。再者，社交媒体是当今偶像展现个人魅力的主要媒介，粉丝亦通过社交媒体享受偶像的魅力并与偶像互动交流。一些粉丝为了"受人追捧"或是压其他粉丝一头，甚至会做出炫耀性消费等极端且自毁的行为，究其原因，或许正是社交媒体具有鼓励这种行为的特性吧。

这一点实质上超越了偶像的范畴，而关乎一个更为普遍的问题，即当代人在以怎样的方式交流，交流的媒介又具有何种特性。这个论点与信息伦理学领域所讨论的监视社会问题有关。有学者认为，当前环境下各种行为主体（包括浏览社交媒体的个人）通过信息系统参与相互监视，这可以被称作是"参与型监视环境"[30]。社交媒体就相当于一种参与型监视环境，在社交媒体上与他人进行过度交流，可能会对青少年自我认同的形成产生负面影响[31]。这种说法很容易让人联想起第二节第二部分中所描述的社交媒体环境，在那种环境里不管什么人都有机会成为"被追"的一方。应该如何设计交流媒介，使其不对人类的自我认同形成、身心健康、经济状况等产生破坏性影响，这些涉及信息伦理和技术伦理的课题，

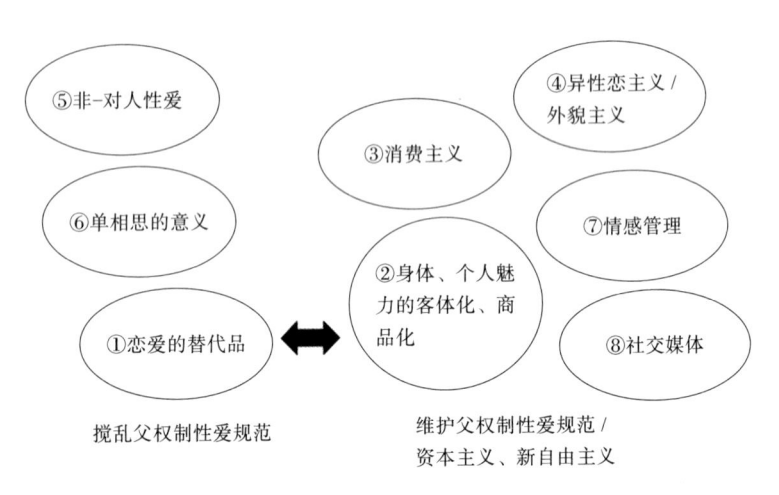

图1 有关"追星"的一系列伦理问题

也是我们在探索未来信息系统的形态时将要面对的。

图1以示意图的形式对上述论点进行了总结。

这张图不是一张包罗一切的清单,但已足够显示出"追星"的主题是如何遍布各个领域的,同时也反映了人际关系和性爱模式的现状,及其背后的技术环境的特性。

小 结

下面简单总结一下本章探讨的内容。

首先,笔者在开头表明了撰写本章的目的,即对"追星"的伦理问题所涉及的观点和领域进行整理,然后简要介绍了笔者至今为止对"追星"的价值、意义及伦理问题的讨论。在过去的文章中,笔者曾将"追星"放在有限的人际关系范围内进行考量,比如粉丝的个人生活以及与"偶像"、周围人的关系。在此基础上,本章通过一些事例审视了当今社会中共通的"追星"方式,比如一些人会将"追星活动"描述为带来心动感觉和照亮日常生活的健康爱好;但同时"追星文化"也有消极的一面,比如会经由社交媒体不断鼓动炫耀性消费和自我商品化。此外，我们还确认了目前的偶像文化和"追星文化"的消极面或许有一定关系，因为偶像文化的特点就是利用社交媒体和偶像互动交流，并从中享受偶像的个人魅力。基于上述认识，笔者绘制了一张示意图，以展示在思考"追星"的伦理问题时会涉及的相关论点。这张图是围绕"追星"的矛盾性整理的，即"追星"既有搅乱父权制性爱规范的一面，也有保守的或是从属于资本主义、新自由主义的一面。

"追星"既有优点也有缺点，无论是单纯把"追星"当作一个愉快的话题，还是反过来只把"追星"看成是空虚、堕落的行为，对很多人来说都是不符合实际情况的吧。为了正确理解"追星"的功与过，我们有必要同时关注"追星"对个人的意义和它在社会中所处的位置。

如果要用一句话来概括围绕"追星"的伦理问题，那就是：在当今以社交媒体为代表的媒体环境下，与我们的亲密关系和身份认同形式有关的问题。当然，以什么方式构建亲密关系和身份认同，这属于我们的个人自由，但今天媒体环境的状况应该也对之有巨大影响。而我们正是在这样的媒体环境中，培养出了对他人的依恋和对自身的身份认同，这已经成为当代人生活无法切割的一部分。只有认清这一前提，我们才能为探讨"追星"

的伦理问题开辟出一条踏实的道路。

在大众眼里,"追星"和"偶像"好像常常只是快活而肤浅的话题而已,但事实上它们就如同镜子,映照出了我们今天的人际关系状况。希望本章能成为引玉之砖,激发大家进一步探讨。

注释

1 筒井晴香:《"推す"という隘路とその倫理——愛について》,《総特集 日本の男性アイドル》,《ユリイカ》,青土社,2019 年 11 月临时增刊号,第 174—187 页。
2 筒井晴香:《孤独にあること、痛くあること——"推す"という生き様》,《特集 女オタクの現在》,《ユリイカ》,青土社,2020 年 9 月号,第 72—81 页。
3 高橋幸、永田夏来:《討議 これからの恋愛の社会学のために》,《特集 "恋愛"の現在——変わりゆく親密さのかたち》,《現代思想》,青土社,2021 年 9 月号,kindle 版,第 41—42 页。
4 劇団雌猫:《誰になんと言われようと、これが私の恋愛です》,双葉社,2019,kindle 版,第 51—52 页。
5 同上第 93 页。
6 同上第 119 页。
7 イノウエ:《推し歴 25 年の私が 4 万 5060 件の"推しアンケート"ととことん向き合った話》,NHK オンライン,2021 年 5 月 21 日(https: //www6.nhk.or.jp/nhkpr/post/original.html?i=29348)[2022 年 7 月 3 日阅览]。
8 在同网站上能看到题板的照片。
9 佐々木チワワ:《"ぴえん系女"の誕生》,《"ぴえん"という病——SNS 世代の消費と承認》(扶桑社新書),扶桑社,2022。
10 同上第 84 页。
11 "炫耀性消费"最初是由索尔斯坦·凡勃伦（Thorstein Veblen）在《有闲阶级论》（最初发表于 1899 年）中提出的,指的是把钱花费在昂贵且无用的事物上,以向别人展示自己的成功和社会地位,凡勃伦把这种消费方式看作是上层阶级的典型行为（与謝野有紀:《見せびらかしの消費》,大澤真幸、吉見俊哉、鷲田清一编《現代社会学事典》,弘文堂,2012,第 1221—1222 页）。然而,根据与谢野有纪的说法,"在今天,类似的消费行为已不像凡勃伦说的那样,只局限在上流阶级和下层中产阶级中,比如越来越多的人开始穿着带有品牌标识的衣服及装饰品,这些统称为显摆给人看的消费（即炫耀性消费——引用者注）"（同上第 1222 页）。 佐佐木对该词的用法和此书中的一致。
12 同注释 9 第 85 页。
13 同上第 84—85 页。
14 同上第 87—88 页。
15 需要补充的是，我无意在这里否定性工作本身。还应强调的是，我们不应该污名化特定的文化，如"嘤嘤文化"或"追星文化"，又或是污名化特定的职业，如色情业工作。然而，如果借着"追星"和"嘤嘤"等朗朗上口的词语，使得利用自己的性和身体赚取大笔金钱成为一种时尚和潮流，那么在本就伴随一定风险的性工作中，从业者本应具备的自由选择和管理风险的权利将更难得到保障。佐佐木还提到了以"追星"为动机的未成年卖淫案件（同上第 59—60、92 页），考虑到这点的话，情况比我们想象的要更为严重。还要补充一句，《"嘤嘤"这种病》的作者佐佐木本人，也是一名从十几岁起就踏足歌舞伎町、2021 年时刚满 21 岁的年轻人（同上第 2—3 页）。作者从参与者的立场出发，还原了年轻一代特定人群的真实状况，试图让大众理解她们的处境和面临的困难（同上第 188—189 页）。我们一方面要避免简单地给她们贴上标签，另一方面也应给予她们关注和理解。
16 同上第 141、187 页。
17 同上第 144—145 页。
18 同上第 146 页。
19 香月孝史 :《"アイドル"の読み方——混乱する"語り"を問う》，青弓社ライブラリー，青弓社，2014，kindle 版。
20 同上第 202 页。
21 不过，以下论点和各个偶像在社交媒体等个人宣传媒介中的发言频率及重要性有着很大关系。
22 同注释 19 第 180—181 页。
23 关于对偶像"饭圈"内部友谊的讨论，可以参见中村香住 :《"女が女を推す"ことを介してつながる女ヲタコミュニティ》，《特集 女オタクの現在——推しとわたし》，《ユリイカ》，青土社，2020 年 9 月号，第 249—257 页。此外，在剧团雌猫成员 HIRARISA 的一篇文章中，"追"韩国演员的 58 岁受访女性 YUKO 说了如下的话："参加智勋活动（男演员朱智勋的粉丝活动——引用者注）最大的收获是，认识了许多如果过着普通生活绝对不会认识的朋友。我真心觉得这是我一生的财富。"(ひらりさ:《沼で溺れてみたけれど》,講談社,2021,kindle 版,第 55 页)。

24 同注释 1 第 185 页。

25 佐佐木描述了在牛郎俱乐部、酒吧和面向女性的风俗场所中,女顾客的行为受到男性主导的审美规范影响的一面(同注释 9 第 107—108 页)。西原麻里也在娱乐杂志上有关杰尼斯艺人的报道中,发现了杂志对杰尼斯艺人同伴之间关系的表现方式,既有体现异性恋规范/性别气质规范的一面,也有反过来打破规范的一面。(西原麻里:《ジャニーズの関係はホモソーシャルか——"絆"の表現が揺るがすもの》,《ユリイカ》,2019 年 11 月临时增刊号,第 95—104 页)。

26 佐佐木在前述《"嘤嘤"这种病》的第六章中说到,嘤嘤一代的社交媒体文化受到了外貌至上主义思想的强烈影响。有关当今媒体文化(包括社交媒体)及外貌主义的更多信息,可参阅田中東子:《娯楽と恥辱とルッキズム》,《特集 ルッキズムを考える》,《現代思想》,青土社,2021 年 11 月号,第 107—116 页。

27 关于这个问题的更多探讨,可以参见松浦優:《アセクシュアル/アロマンティックな多重見当識＝複数の指向——仲谷鳰〈やがて君になる〉における"する"と"見る"の破れ目から》,《現代思想》,2021 年 9 月号,第 125—147 页。松浦提出,在讨论人们对表现性爱的虚构作品(包括表现二次元角色性爱的作品)的喜好时,不应以人在现实生活中的性取向为前提或标准。本文中使用的"(非-)对人性爱"一词,同时参考了松浦在同论文中提到他另一本著作时说起的普通人的造词实践,以及在此之上松浦提出的自己的用法。

28 同注释 19 第 161—163 页。

29 冈原康正在《感情資本主義に生まれて——感情と身体の新たな地平を模索する》(慶應義塾大学教養研究センター選書,慶應義塾大学教養研究センター,2013)中介绍了社会学家阿莉·拉塞尔·霍克希尔德(Arlie Russell Hochschild)关于"情感管理"和"情感劳动"的讨论,以及社会学家伊娃·伊卢兹(Eva Illouz)关于"情感资本主义"的讨论,同时从情感社会学的角度对当代社会(虽说是社交媒体兴起之前的情况)进行了分析。

30 村田潔:《参加型監視環境》,村田潔、折戸洋子编著《情報倫理入門——ICT 社会におけるウェルビーイングの探求》,ミネルヴァ書房，2021。
31 折戸洋子:《デジタルアイデンティティ》第__项，村田潔、折戸洋子編著《情報倫理入門——ICT 社会におけるウェルビーイングの探求》，ミネルヴァ書房，2021。

第三章

"'早安'拯救了女性的人生",这是真的吗?

稻田易

写在前面

对我来说,一路追随"早安家族"*(俗称"早安"[1])偶像的这段经历,与我接近女性主义是密不可分的。从青春期到现在,每当我因为女性身份不堪其苦的时候,不知道为什么,早安的音乐总能让我暂时搁置那些内心冲突,她们逐渐成为我生活中重要的一部分。与此同时,为了摆脱性别带来的烦恼,我开始了对女性主义思想的

---

* 需要强调的是,"早安家族"(ハロー!プロジェクト)是 Up-Front Group 旗下多个女子偶像艺人及团体的总称,并非一个偶像组合,而是一个偶像派系。虽然严格来说其简称"ハロプロ"译作"早安系"似乎更合适,但为了文章的流畅性,此处选择直接以"早安"代称,读者在阅读时注意不要把"早安"与其旗下组合"早安少女组。"混淆。

探索，但我越探索，就越是感到被女性主义边缘化的女偶像在支撑着自己的心灵，这使我陷入了深深的矛盾。像这样的内心纠葛或许并不罕见，可我至今无法用文字厘清这一心结，仍是一面听着早安的音乐，一面思考着作为女性的人生。

以前，《达·芬奇》杂志曾以《早安拯救了女性的人生！》为题出过一期特辑[2]。看来早安粉丝的女性占比，在这个时期有了显著提高。虽然确实能感到女粉丝在变多，但如果只是为了表现这一事实的话，取这样的标题也未免太夸张了。早安到底是在什么意义上"拯救了女性的人生"呢？特辑的文章里面，对于这个含混的问题并没有给出答案。

很难用一句话来概括早安，因为早安有过许多形态。1997年，早安少女组。在《五花八门浅草桥》节目（东京电视台，1995—2002）中诞生。自那以后，在漫长的岁月里，早安一直跟随时代不断改变形式。粗略划分的话，2009年Elder Club[3]的全员毕业可以说是一个分水岭，在那之后，早安旗下的组合几乎都采用了老成员毕业、新成员加入的制度，并将研修生制度当作培养后备力量的支柱，这两者共同构成了现行的体制。[4]本章将重点关注2010年以后的早安，一边回顾其实践，一边思考"早安拯救了女性的人生"这句口号。

1 早安的特色及其在大众眼中的形象

唱跳型老牌偶像集团

偶像的"价值"究竟在多大程度上取决于偶像的唱跳能力呢?"假唱的人我是不会支持的""就算唱跳能力强,也未必就有偶像魅力""想要见证偶像的成长""话虽如此,但无法在舞台上闪耀的偶像算什么偶像"……这些问题涉及的,是偶像消费者经常会被问到的党派属性,即"追"的是"哪个"组合,"追"的是"谁"——根据党派不同,其背后隐藏的偶像消费者伦理也会发生变化。答案错综复杂,相反的两种观点都能成立,也因此抵消了双方的正当性。

在这场没有对错可言的争论中,早安(及其粉丝)确立了自己的地位,那就是"顽固到底的拉面店(的粉丝)"。早安将坚持真唱的歌曲表演作为"卖点",旗下偶像全年都会举办惯例的全国巡回演唱会和现场演出活动。所属事务所是以培养音乐人为中心的制作公司,拥有附属的唱片公司，不光是运营管理，从歌曲制作到活动企划都在自己公司内部进行。[5] 早安的招牌组合早安少女组。最初是由"射乱Q女性摇滚主唱募集活动"*的落选者集结而成的，2005年以后组合在媒体上曝光的机会变少了，于是她们以此为契机，另辟蹊径开始专注打磨舞台表演。[6] 2010年开始的十年被称为"偶像战国时代"，"成为"偶像的门槛大幅降低。这期间早安坚持走不同于其他偶像的路线，转型为全体成员都根据能力进行选拔、培养的专业集团。

不断变化的早安组合形象

从那时起，早安旗下的组合形象变化就成了媒体关注的焦点。早安少女组。将EDM（电子舞曲）融入歌曲，打造出了实验性极强的音乐，舞台表演风格也十分激烈；℃-ute的舞蹈水准受到关注；此外，出道时以"全日本裙子最短的偶像组合"为宣传语的S/mileage改名为ANGERME，她们保持了原本奔放的组合特色，同时

---

* 射乱Q是一支摇滚乐队，乐队的主唱是音乐人淳君，当时他想找一名女性摇滚主唱加入乐队，所以举办了这一募集活动。淳君后来成了早安少女组。的制作人，以及早安家族的综合制作人。

开始强调女性自身的能动性。2019年曾发生过这么一件小事：当时年纪最小的成员笠原桃奈被粉丝教育说"（相对年龄来说）你的妆太浓了"，时任队长和田彩花得知此事后告诉笠原，"涂你喜欢的口红颜色就好"。这个故事作为一种象征被传颂至今。

回顾早安的历史我们会发现，虽然过去也有因个性和表演大放异彩的偶像组合，但早安近年来受到的喜爱，有点类似《瞒天过海：美人计》（导演：盖瑞·罗斯，2018）和《霹雳娇娃》（导演：伊丽莎白·班克斯，2019）等好莱坞电影走俏的现象，观众对这些"强大而迷人的女性"的动作片表示了热烈的欢迎。

歌曲制作体制的变与不变

在讲述对早安的喜爱之情时，除了对偶像本人的迷恋外，许多粉丝还会提起早安丰富多彩的歌曲。从1997年到现在，早安发表的歌曲已有近两千首。众所周知，从早安少女组。主流出道起到2014年，音乐人淳君作为早安的综合制作人，几乎包办了早安旗下偶像的所有词曲。因此，早安的歌曲强烈地反映出淳君的作者性。他创作的歌曲有个特点：总是以主角独白的形式描绘日常故事。乐评人南波一海形容这是"近在咫尺的恋爱与宇宙彼此相连"[7]，如他所言，这种将个体叙事和地球规模的大爱、和平等宏大主题结合的形式并不罕见。虽然淳君卸任综合制作人一职后，早安启用多位词曲作家共同制作歌曲，但淳君构筑起的这个模式仍被之后的词曲作家继承了下来。[8]

在前面提到的《达·芬奇》的特辑文章中，早安粉丝不论男女都表达了这样的观点：早安的舞台表演与歌曲具有特殊的魅力。早安的活动中心是音乐，这是毋庸置疑的，但这和"女性的人生"又有怎样的关系呢？接下来，我们先把目光投向早安的音乐表达形式，参照粉丝的说法思考这一问题。

2 早安的音乐"拯救了女性的人生"吗

早安歌曲是以女性为主角的故事

首先，如果硬要从歌词的遣词造句和描绘的情境来推断主角的性别，我们会发现早安歌曲中说话的"主角"通常（可解读为）是女性。[9]用作家柚木麻子的话来说就是，"不仅限于淳君写的歌，早安一直都在描绘大城市中少女的孤独，又或是半径百米内熟悉场所的幸福"。[10] 虽然不是所有歌曲都明确体现了性别，但聆听早安音乐的粉丝大多认为，早安的作品总体上表现的是"少女"形象，且这种解读不仅仅是基于歌词做出的。[11] 比如 Base Ball Bear 乐队的主唱兼吉他手小出祐介在评价淳君制作的早安歌曲时说："淳君不会强行选择'A 段→B 段→C 段→副歌'这样的固定格式。打个比方，他会写成'A→B→C→D→A→副歌'的样子。对男性来说，歌词乍看之下可能有些逻辑跳跃、前后矛盾，但当这样的歌词和不合常规的歌曲走向组合在一起时，就会给人一种'这就是女孩'的感觉。就像是女孩的生理节奏一样。女孩唱着女孩的歌，女孩诠释着女孩的形象。这可能是早安音乐的根本所在吧。"[12]

如同小出所说，早安的偶像在舞台上边唱边跳，仿佛表演着歌中女主角的故事[13]。相较于演唱以"僕"为第一人称的男性视角歌词，女偶像演唱以女性为主角的"わたし"的故事*，在形式上似乎更有女性主义的感觉。此外，让偶像歌唱怎样的女性形象，这一选择也反映了

---

* "僕"和"わたし"都是"我"的意思，日语中男性常用"僕"，女性常用"わたし"。

歌曲制作者的想法。作家朝井辽曾这样评价早安的歌词："女孩没有被当成是一种符号。不是迎合男人想象的理想化的女孩。"对此柚木也赞同说"女孩的食欲和性欲被认可了",并表示早安歌词里经常出现的"愤怒"这种情感是很有魅力的。[14] 他们两人都十分欣赏早安的歌词世界中不变的一点——坚持描写女性作为"人"的一面,而不是作为"女人"的一面。

作为粉丝,上述看法我都赞同。但即便如此也不能忘了,事务所只是按照制作流程把歌曲交到了偶像手上,偶像所歌唱的"女孩"的故事,本质上是歌曲制作者笔下的产物。虽然歌中展现的是女性视角,但其实这些歌曲并没有摆脱强加在女性身上的传统角色,因此能否进一步从中解读出女性的主体性,我对这点持保留态度。

从"乐曲群"中溢出的多声性

要说早安的音乐表达中出现过什么不同寻常的现象,那就是女主角独白式的作品在经过二十多年的积累后,从"乐曲群"中诞生了多声性。事实上,早安的歌曲从来不是唱完就算的东西。一年到头,早安都在举办各种跨组合的联合演唱会及活动,现役成员会在活动上反复翻唱前辈的歌曲。被翻唱的也不光是金曲，过去早安发表过的所有歌曲都会不定期地被重新搬上舞台。像这样，早安的众多歌曲不知从何时起形成了庞大的"乐曲群"。

这些歌曲中，既有不在意刘海乱掉的主角，也有精心打理刘海的主角。歌曲之间彼此冲突、缺乏一致性，而这正是早安音乐的丰富之处。虽然单首曲子难以逃脱某种固定形式，但是早安在不断变换主角性格和处境的同时，坚持"从第一视角描写女性个体的生活"，并用这种风格写了近两千首歌曲，从中涌现出的打破常规的参差多态，或许是制作方自己都没能料想到的。

作为歌手接受训练的偶像们，通过自己的歌声和舞姿，使歌曲无数次重获新生。本就多彩的歌曲，借着各个歌手截然不同的歌声、脸和身体，在不同的时代，以不同的诠释方式反复上演。在这个过程中，观众更能感受到每一次音乐演绎的独一无二，仿佛起初微小的错位在跨越时空后逐渐增幅。

以这种方式出现在舞台上的早安歌曲，每一首都可以说是"女性的人生"。然而与此同时，我们从中还能看到一些不能被简单归结为"女性的人生"、无法用言语说清的差别。即是说，歌中主角的人生，在每个偶像的演唱下，听起来都有着微妙的不同。这样一来，像"是女人的话就能懂吧"（早安少女组。'17《你一点都不懂我》，2017）这种歌词中，假定女性具有某种"普遍性的"经验，并将这种经验与女性的身份认同挂钩的歧视性说法便不再有合理性，纵然没有被抹消，却也陷入了空转。歌曲制作方和演唱方通过有机合作，打造出的这个无限延伸的立体世界，正是早安音乐的魅力所在。

"不正确"的音乐的效用

由于早安的音乐具有上述特点，所以在审视单首歌曲时，免不了会看到一些含有性别歧视的"不正确之处"。因为早安是以日常生活为题材讲述主角的人生，默认存在社会中的各种条条框框，歌里当然就会包含父权制压迫、男女二元性别气质规范、异性恋主义等内容。而对待这些规范，主角的态度也根据歌曲的不同大相径庭。

如果稍微粗暴地对这些歌曲进行分类，主角的态度大致能分成两种，一种是把这些规范当作既定的东西，接受并享受这些规范，另一种是表达内心的悲伤和愤怒，诉说矛盾之情。其中我们也能看到一些主角陶醉在作为他人附庸生活的自恋中。虽然也有一些歌曲明快地歌唱了偏离性别规范的人类、女孩的力量，反对把"女人"当成符号对待，但是直接号召打破规范的歌曲还是很少。另一方面，乍看遵循着性别规范的歌词，在和音乐中的其他要素——旋律、节奏、音色、曲调、服装、编舞等——的相互作用下，听起来仿佛被相对化了，这当中有着单靠歌词分析所不能完全捕捉的部分。[15] 正因为有着这份复杂性，早安的歌曲才会击中生活在社会规范内部的人们的心灵。听众可以借听歌的机会，将日常生活中被忽视或潜藏在心中的情感拿出来重新审视。

燃过之后是愧疚

确实，当女主角生活中的忧伤和欣喜，经由身为女性的偶像之口化作歌声时（哪怕她们是被动地演唱），我会单纯地从中获得力量。不过奇怪的是，主角的心声却要和偶像本人的人格切割开来理解。前面也提到过，舞台上的偶像说到底是在"演绎"歌曲（中的主角），歌里唱到的恋爱体验也好，出格的经历也好，并不是偶像个人内心的表露，这点大家都心照不宣。作为歌唱者的偶像自己，也会强调"我并没有经历过歌中那样的恋爱哦"。

事实上，在聆听偶像歌曲的时候，这种错位不才是最重要的吗？不管作为听者的我们是否和主角的心声产生共鸣，歌曲的主体说到底都是那个"匿名的女孩"，无论是唱歌的偶像还是听歌的我们，都不是与之完全重合的。因此，即使是带有某种痛苦色彩的歌曲，依然能作为虚构的"偶像歌曲"让粉丝"燃"起来。

老实说，早安的有些歌虽然很"燃"（我只能想到这种说法！），但会让人感到微妙的愧疚。举个例子，早安少女组。光井爱佳的独唱歌曲《意识不到我魅力的迟钝的人》是一首对恋人诉衷肠的流行情歌。[16] 歌中，主角讲到两人约会去新年参拜，"男友说'真不适合你'，要我卸妆"。从旁观者的角度看，要求恋人卸妆是件相当严重的事情，但主角乐观地将此解读为"你"是"目前还意识不到我魅力的迟钝的人"，并祈祷两人能天长地久。歌中不去声讨亲密关系中的暴力行为，反倒标榜主角的驯服态度，比如在自己身上找原因，包容、无视男友对自己的伤害。选择了顺从策略的主角（"总有一天我们 / 能更珍惜彼此 / 在这之前我会默默地 / 在你身后张望"），对幼稚而专横的年长恋人来说，简直是"正中下怀"。

在秀恩爱中突然插入司空见惯的暴力，究竟应不应该当作没听到呢,我不禁犹豫了几秒。歌中"女孩"的痛苦,我们在现实中的某处也目睹过。然而,和迫切的担忧相反,演出现场一旦响起这首歌,歌曲的曲调会让人们无条件地情绪高涨起来,这还真是一首麻烦至极的歌。我心中一边想着"这是约会暴力啊,好糟糕的男友啊",一边又会忍不住伴着"主角的"(并非偶像本人的)快乐心情兴奋起来。因此,想到现实中女性在父权制压迫下日常所受的伤痛,经由音乐(=故事化)得到了人们的容许,这份愧疚感便一直挥之不去。

将我们自身的痛苦外部化

既然这样,我们为什么还要看着歌唱痛苦的偶像(甚至特意将痛苦和偶像的人格切割开来),一遍又一遍地回味熟悉的伤痛呢?如前所述,原因只有一个,那就是听歌的我们正是在与歌中人相仿的重压下生活的。这里我想起内藤千珠子曾指出,偶像的故事具有"依赖他人代为重现自己的伤痛这一结构"。[17]

欣赏这样"不正确的"早安音乐时,听者把歌中唱到的伤痛归结于"歌词主角"这名虚构的女性,从而将伤痛外部化,暂时忘却这份伤痛是现实中女性在承受的东西。尤其是女性作为听者时，会通过这种方式将自己正在经受的（或可能会遭受的）伤害暂时搁置。女性听众时而与主角产生共鸣，时而与之保持一定距离，将伤痛从拥有血肉之躯的偶像和自己身上转移到歌词的主角身上，最终得以直视伤痛，获得"拯救"。

然而，这种机制建立在危险的平衡之上。无论再怎么采用虚构人物叙事的体裁，在有些情况下，听歌的人也会感到无法摆出事不关己的态度，良心不允许自己从这样的歌曲中获得快乐。歌词只是一方面，听众的判断来自对各种要素的综合考量，社会环境和个人经历也会产生很大影响。[18]

让音乐成为想象力的宿处

下面，让我们从内藤的分析出发，再次思考聆听含有虚构女性角色伤痛的歌曲并"燃"起来意味着什么。对听众来说，一方面"主角"虽然是和自己暂时切割开来的他者，但彼此都生活在相同的压迫下，沉浸式地聆听音乐可能会导致人们享受并"消费"现实中女性承受的伤痛；但另一方面，音乐也会激发出听众对他者的想象力，令她们想象"倘若情况不同，自己也可能会过上这样的生活"。只有当听众产生这种想法时，早安的海量歌曲和从中浮现出的差异才有意义。这也就是内藤理想中的状态，即"在理解规范的同时反叛规范、超越规范，展开多重思考"。[19] 就像前面说过的，虽然早安音乐存在着用传统叙事掩盖女性伤痛的一面，但如果将目光投向"乐曲群"整体，又处处能发现矛盾和龃龉。而且，在偶像们一遍又一遍的演出中，连同那些跌跌撞撞的活法在内（有时说是"很逊"也不为过），人生百态得以并列于舞台之上，常演常新。当听众借由刻板却拥有"多声性"的音乐，开始畅想无数的人生可能时，作为早安歌曲底色的人本主义、"虽然大家各不相同但都是人类"的想法，便化作了沟通自己与他者的桥梁。同时，这也完全可以成为一个契机，让我们去反思本章探讨的"女性的人生"这种刻板表达背后的真实含义。然而，无论如何歌颂人本主义，如果歌词中偷偷溜进了不加反思的歧视性和民族主义言论，那便是在主动缩小潜在的共鸣范围。区分多数派和少数派，只会煽动歧视和暴力。早安的歌曲中已经有一部分存在这样的危险了，我在此想要唱个反调，提醒大家注意。[20]

3 偶像们的"女性的人生"

被纯化为"表演者"的偶像

说不定,早安就是像这样通过歌曲的"主角"在"拯救女性的人生"吧。那么被拯救的"女性的人生",指的兴许就是我们这些听歌的粉丝。又或者可以说,更普遍存在于这个世上的"女性的人生",在化作歌曲搬上舞台后,有了获得人们共鸣与肯定的机会。

容我啰唆一句,本章的一大观点就是,歌曲的"主角"和作为演唱者的偶像是两回事,在再度确认这点的基础上,我想进一步提出以下疑问[21]:听众在听歌或看表演、欣赏"主角"(而非偶像)的故事时,唱歌的偶像本人是作为怎样一种存在被看待的呢?

早安的偶像边唱边跳,努力演绎着主角的故事。舞台上,当"主角"的诉说被当成重点时,演唱者本人的个性便会后退一步,乍看之下,偶像仿佛被纯化为了一具仅仅是用来"演绎"歌曲、展示歌舞的身体。让身体被16拍的节奏浸染,掌握独特的歌唱方法,这些都是早安式"演技力"的一部分。偶像越是精通歌舞,"主角"的故事就越栩栩如生。不过,也有蹩脚的歌舞反倒演活主角的情况。早安舞台表演的妙趣正在于此，所以我们粉丝才会一提起"歌曲"和"表演"就像打开了话匣子一样，喋喋不休地讨论起表演者的才华和本领。

偶像的身体在经历什么

但是，作为表演者的偶像本人，当然也有着"女性的人生"。歌手乃至所有艺人身上，都必定会发生角色和表演者本人个性不一致的情况（就像饰演反社会角色的人如果真的做出反社会的行为，自然会遭到谴责）。如果从这种普遍意义上强调偶像只是一个"表演者"的话，我们就容易忽视这样的情况：明明是极为"日常性的"歌词，偶像却不能够用自己的话语谈论其内容，换句话说，偶像的身体被施加了诸多禁令——最极端的例子便是"恋爱"。

我接着想，只要拥有表演技能，演唱者不是偶像是不是也可以呢？答案是否定的。越是这样思考，我越是意识到，由早安成员[22]和偶像来演唱这件事对我们有着特别的价值。

用通俗的话说，在日本这个国家，一旦女性成为偶像，就要在活动期间套上"禁止恋爱"等枷锁，并在到达"毕业"年龄的期限之内，谱写自我实现的篇章。[23]和男偶像一对比，我们就能意识到，"禁止恋爱"和"毕业"等限制是和女性性别深深挂钩的。我明知道存在这样不成文的规定，依然强调自己喜欢的只是偶像的"表演"，每当我这么做时，别扭的感觉总在我心中挥之不去。然而，尽管我坚决反对偶像业"消费"女性的人格和性，但偶像本就因为现实中"女偶像应该这样做/不应该那样做"的种种规矩而忍气吞声，反对的态度反而可能加剧这种状况，迫使偶像将真心话藏进黑暗中。

所以，在这里我想谈谈偶像们的"女性的人生"。这既不是对消费者朝向偶像的凝视与欲望的抽象总结（这也是绝大多数"偶像论"的落脚点），也不是对正确消费方式的探讨。我想在这里关注的是，我们无法尽数了解的偶像本人的经历。让我们基于我们所能了解的事实，思考一下"女性偶像"由于性别而额外承受了哪些要求。

暧昧至极的"禁止恋爱"

说起来，"禁止恋爱"到底是以怎样一种机制在束缚偶像呢？香月孝史分析说，"实际上，偶像的'禁止恋爱'，与其说是官方定下的强制规矩，不如说是长久以来逐渐形成的潜规则"，因此，"虽然'禁止恋爱'并不存在明确标准，但偶像方和运营方都会半自发地将'禁止恋爱'内化为一件天经地义的事情。掌握着偶像待遇的运营方的做法，最终使'偶像禁止恋爱'这种价值观成为惯例"。[24]

确实，这一分析与我在追偶像活动时的感受是一致的。首先，"禁止恋爱"（话是这么说，但人是很难控制自己的内心的。这一禁令的实际表现是禁止与特定对象进入两性"交往"的关系）是"运营方"对偶像施加的限制。不过，"禁止恋爱"并没有明确的形式。早安应该也有类似规定，但由于未对粉丝公布细则或公开约束成员，所以实际情况如何不得而知。平时运营方在规范、内容一概不公开的情况下束缚成员，直到偶像恋爱"曝光"后被下达"处分"，外界才终于"意识"到规范的存在。

另一方面，很多人为了解释这一规范的必要性找出了各种理由，比如这是对粉丝应有的回报，受欢迎的偶像为了赚钱就得这么做（虽然不知道这种说法有多少真凭实据）。正因为如此，偶像也可能会主动禁止自己恋爱。事实上，尽管单个粉丝的立场各种各样，但如果将粉丝当作一个模糊的整体来看待的话，大家都被卷入了维护异性恋主义的"禁止恋爱"条例的共谋关系中。这个令人窒息的结构，一边保持着暧昧不清的形式，一边无言地束缚着偶像的生活。

上述情况中，虽说"禁止恋爱"条例没有白纸黑字地写出来，但并不意味着"禁止恋爱"的规范就是一纸空文。不如说，在这种未必有明文规定的状态下，规范的"内化"和对违规者的"处分"循环往复，使暧昧的规范得到了追认、落实与强化。表面上看起来只是在处罚单个偶像，实质上是在暗示所有的"女偶像"都无法完全逃脱这个沉重的禁令。

制裁和伤痛

虽然规范保持着暧昧不清的状态，但是对偶像施加的制裁却是实实在在的。我觉得这点比什么都重要。比如说，2015年就有过这样的案例：某制作公司以偶像违反了禁止"交往"的合同条款为由，要求偶像赔偿因恋爱曝光而"导致"的损失，最终法院判决偶像有赔偿义务。[25]当我得知现实中存在这样的合同，甚至有人因违反合同而被起诉时，我不禁大吃一惊，没想到加在偶像身上的"禁止恋爱"规范已经变得如此具有实质性。除非涉及诉讼，不然我们很少能了解到"运营方"对偶像实施了怎样的限制，即使内部细节被揭露出来，我们也很难准确把握这种"约定俗成的规范"的具体形态。只有通过对违规者下达的"处分"的轻重，我们才能多少感受到规范的存在。或许上面说的诉讼案只是"运营方"采取了强硬手段的特例，但我们可以想象，偶像将越来越难以阻挡"禁止恋爱"的"内化"进程。

此外，在打破"禁止恋爱"规定的偶像受到的处罚中，剥夺"偶像"身份是一种常见形式。早安至今为止也出现过多次偶像因为私人交往被报道而"退团"的情况。2021年就有一名成员"结束了在早安的活动"，最终和制作公司解除合同。不论"运营方"的意图如何，对当事人来说，"退团"和"结束活动"不仅意味着失去偶像工作和栖身之所，还意味着她们不会拥有"毕业"演唱会——只有谱写完全部"偶像"故事的人才有权踏上"毕业"的花路。这是一种否定偶像本人"偶像"身份的本质性制裁。

只要有如此暧昧的"禁止恋爱"规范存在，偶像的"人生"就难逃伤害。而且这样一来，规范的存在感只会越来越强，谁也不知道怎样才能踩下刹车。在找不到解决办法的情况下，每当有女偶像因为私生活被杂志曝光而失去工作或主动请辞，我都会又难过又焦躁。

从"毕业"开始重新审视偶像的边界

顺带一提，这项"禁止恋爱"规范会随着偶像"毕业"同步解除。虽然这也没有明文规定，但是大家一般都这么认为。不如说，正因为有在适当时期"毕业"这种预先安排，女偶像的"禁止恋爱"规范才得以被正当化。对了，关于早安的"毕业"期限，粉丝中曾经流传过"25岁退休说"[26]。这里所说的"毕业"，通常理解为偶像生涯的终点，亦即跨过从偶像变为非偶像的分界线。

至今为止的早安也是如此，成员一旦从所属组合和早安这一母团体"毕业"，几乎就等同于告别职业偶像的身份。毕业后如果继续从事音乐活动的话，大多都会强调"歌手"身份，此外也有以演员、模特为头衔活动的。

不过，我现在注意到，早安正在尝试让元老成员（包括"毕业"成员和"结束活动"的成员）轮流在家族巡回演唱会中登台亮相。在这样的演出活动里，人们眼中"偶像"和"非偶像"之间活动方式的分界线不可避免地会发生动摇[27]。该巡回演唱会的演出人员和演出曲目都不固定，五花八门的歌单中，既有成员离开早安后作为"歌手"发行的歌曲，也有早安历代的"偶像"曲。毕业生们有时候会当场结伴表演，有时候也会邀请现役"偶像"成员作为嘉宾一同表演歌曲。

说起来，之所以会开始这个巡演，多半是因为新冠疫情蔓延，元老成员的单独演唱会很难举办吧。但是，由于不断受到好评，演唱会反复追加举办，不知不觉已经持续了一年多了（截至2022年4月）。或许，该巡演将不再只是"前"偶像重新"回归"偶像身份的"同学会"和粉丝福利，而是会成为早安元老成员的惯例活动之一。"禁止恋爱"将一些人归为"偶像"，仿佛她们身上"拥有""偶像"的特质，又令她们时刻恐惧一旦坏了规矩就会失去"偶像"身份。但如果上述这种运营模式能够成立，那么用"禁止恋爱"的规范来束缚活生生的女性，又有多大意义呢？

就我个人而言，像这样的新变化能让我们重新审视偶像的边界，我从中感受到希望，但与此同时，我也很容易想象可能会遇到的困境。比如，同为结束早安活动的元老成员，留在事务所的人和没有留下来（没能留下来）的人之间的分界线会进一步加深吧。这最终或许会导致"偶像气质"和"早安成员气质"陷入换汤不换药的状态，诸如此类的负面可能性我还能想到很多。但是掉转视线，我们会看到也有一些成员"毕业"后没有留在事务所或一度离开演艺圈，之后又重启"偶像"活动。或许，反过来通过她们的做法，我们可以再次思考"毕业"的意义。

因为决定"偶像"形态、束缚偶像的规范是暧昧不清的，所以每当想要提出质疑，总是会在某处感到陷入瓶颈。当然，很难只凭一个视角就完全颠覆暧昧的规范。我们有必要从多元的角度，不断重新审视围绕着"偶像"的模糊理解。

消融偶像和我们之间的界限

2019年，原ANGERME的和田彩花从早安"毕业"，她"毕业"后也选择继续做偶像，并在第一时间发布了这样一段话：

> 我是女人吗，不是女人吗？
> 我是偶像吗，不是偶像吗？
> 我的未来由我自己决定。
>
> 虽然希望不说出来也能将之实现，

但是不说出来的话，似乎很难亲手抓住未来。

所以，我要说出来，
我的未来由我自己决定，
我既是女人，也是偶像。[28]

经由"毕业"从"偶像"规范中解放出来的瞬间，她主动为自己重新冠上"偶像"之名，这其中想必有着质疑"偶像"与"非偶像"之间界限的意思。当我们像这样思考的时候，偶像和作为观众的非偶像的我们之间的界限也受到了拷问。只要我们仍然将自己区别于偶像，抱着偶像就是偶像的想法，坐视"规范"一成不变，那么偶像们的"女性的人生"就不会得到改变。而如果她们的人生得不到改变，那么和偶像生活在同一个社会中的我们的人生，也不可能得到"拯救"。

所以现在，我不想再把目光从偶像经历的伤痛上移开，也不想再错过从偶像口中喊出的、希望消融我们之间界限的呼声。那些作为"偶像"生活着的人，她们有什么样的感受，又在思考着什么呢？我想要回应的，正是来自她们的声音。

注释

1 早安是由 Up-Front Group 运营的女子偶像集团。诸如早安少女组。等偶像组合和一些以个人身份活动的偶像都属于早安这个母团体。
2 《ダ・ヴィンチ》，2020 年 2 月号，KADOKAWA，第 24—53 页。
3 Elder Club 是早安旗下组合和成员结成的一个团体，从 2006 年 1 月持续到 2009 年 3 月，主要由成年成员组成，包括已经从团体毕业并从事个人活动的成员。2009 年 3 月 31 日，Elder Club 全体成员从早安毕业。同年 3 月，以 Elder Club 中早安少女组。元老成员为中心组建的粉丝俱乐部 M-line Club 成立，开始受到与早安其他粉丝俱乐部不同的待遇（《ハロプロ"25 歳定年說"ついに破られる ファンに囁かれ 10 年以上…卒業年齢は"二極化"か》，J-CAST ニュース〔https://www.j-cast.com/2021/07/04415263.html?p=all〕〔2022 年 3 月 15 日阅览〕）。
4 早安偶像一般会在甄选合格后作为"早安研修生"进行活动，最后发唱片出道，但有时也会作为追加成员加入早安旗下现有的偶像团体。在作为团体成员或单个偶像活动一段时间后，她们会结束在早安（和所属偶像团体）的活动。这通常称为"毕业"。通过这种方式，早安在成员构成不断变动的同时维持着组织。"早安研修生"是为培养早安新生代成员而设的下属组织。研修生以作为早安旗下偶像正式出道为目标，一边接受训练，一边在早安演唱会或活动中作为伴舞出演。2010 年，S/mileage（现 ANGERME）组合主流出道，2011 年时加入早安的新成员，到 2022 年已经是所属组合兼整个早安家族的队长了。
5 "アップフロントグループ"ウェブサイト（http://www.ufg.co.jp/）〔2022 年 3 月 14 日阅览〕。株式会社アップフロントグループ，日本映像事業協会（https://www.jvig.net/public/3982）〔2022 年 3 月 14 日阅览〕。
6 时任早安少女组。的队长高桥爱说，当时她被淳君告知"现在是提升能力的时候"（《モーニング娘。20 周年記念オフィシャルブック》，ワニブックス，2018）。
7 小出祐介、ヒャダイン、南波一海：《ハロー！プロジェクトの楽曲 095 をめぐる座談会①》，《HELLO! PROJECT COMPLETE

ALBUM BOOK》（CDジャーナルムック），音楽出版社，2015，第209页。

8 截至2022年，淳君继续作为创作者和早安的音乐制作人，参与着早安的歌曲制作工作。另外，从2015年开始负责为早安作词作曲的星部翔，他在谈到作词时说："说实话，我觉得我的能力还不足以很好地刻画十四五岁少女的情感，（略）从ANGERME的《大器晚成》开始，早安开始创作一些歌唱人生百态的歌曲，这些歌可能不像一般少女偶像会唱的，但能让每个听到的人都振作起来、得到勇气。"（南波一海：《ヒロインたちのうた——アイドル・ソング作家23組のインタビュー集》〔CDジャーナルムック〕，音楽出版社，2016，第15页）。

9 根据中河伸俊的观点，在流行音乐中，"说到女人/男人的性别时，指向的并不是歌词本身，而是由歌手演绎的歌中世界的登场人物"（中河伸俊：《転身歌唱の近代——流行歌のクロス・ジェンダード・パフォーマンスを考える》，北川純子編《鳴り響く"性"——日本のポピュラー音楽とジェンダー》，勁草書房，1999，第239页）。中河随后指出，我们可以通过第一人称角色的语气和角色情景，来判断歌词带有怎样的性别气质（同上第244—247页）。尽管本章在讨论时也沿用了这一准则，但需要注意，"这些语言和情境设定中的性别标志，从一开始就以简单且顺应常识的女/男二分法为前提，具有规范性和意识形态性质，对日常语言行为的许多特征采取了刻板化和夸张化处理。并且，这些语言、情境的标志并不是一成不变的，而是在时时变化之中"。（同上第247页）。

10 同注释2第49页。

11 有些歌，比如早安旗下组合为系列动画片《闪电十一人》演唱的多首歌曲，歌词主角可以被解读为男性，此外早安少女组。等组合也有一些歌曲中的第一人称用的是"僕"（男性自称），但如果放眼早安歌曲整体，这种情况仍是少数。再者，歌手的性别是女性，也可能导致早安歌曲的主角经常被视为女性。不过，这种观点或许会"将女性扮演女性视作理所当然，继续以本质主义的性别二元论方式加固和强化性别气质与性取向"（池内靖子：《女優の誕生と終焉——パフォーマンスとジェンダー》，平凡社，2008，第21页）。

12 《B.L.T.》，東京ニュース通信社，2016年6月号，第37页。

13 中河指出，"流行音乐中的许多歌唱表演都具有叙事性，是'三分钟（或数分钟）的戏剧'。歌词、曲谱、编舞，都是像电视剧剧本一样的东西"，这一分析同样可以用在偶像演唱上面（同注释9第239页）。此外，小出祐介在描述乡村少女组演唱《恋爱的感觉》（原曲由 Idol Renaissance 翻唱自 Base Ball Bear 的歌）时的情景说，"比起唱歌，更像是进入了歌曲的设定，附身在那个世界上"，从他的话中能感受到早安偶像表演对演技的重视（同注释8第259页）。

14 朝井リョウ、柚木麻子：《ハロー！プロジェクトの楽曲をめぐる座談会④》，《HELLO！PROJECT COMPLETE ALBUM BOOK》，第226—227页。

15 非典型的"过剩"是早安歌曲的特色，如频繁的转调、复杂的和弦和歌曲结构、混合各种音乐类型的编排方式、重视语感的遣词造句和独特的演唱风格。虽然很难一概而论，但我经常能感觉到，这些过剩的部分会引领听众沉浸在音乐的世界里，同时也赋予歌曲一些幽默感，为"吐槽"提供空间。乡村少女组成员绀野和藤本的《花心的蜂蜜派》（2003）以及早安少女组。的《SEXY BOY 乘着微风》（2006）等公认的怪曲自是如此，对于早安少女组。的《可能会哭出来》（2009）这样有强烈歌谣曲风格的歌，听众也大可以吐槽歌中过头的老套感，以这种方式来听歌。

16 モーニング娘。《プラチナ9 DISC》（2009）收录。在现场演出中，粉丝们表演所谓的"应援口号"和"御宅艺"已经成为约定俗成的事了。

17 内藤千珠子：《"アイドルの国"の性暴力》，新曜社，2021，第38页。

18 还存在一些女性偶像歌曲特有的问题，如后将要讨论的"禁止恋爱"和到一定年龄就要"毕业"的潜规则，以及强烈的外貌主义等特有的压迫。在歌词中积极肯定此类压迫并借偶像之口唱出来的做法应该受到批评。这种情况下，必须追究歌曲作者的责任。

19 同注释17第139页。

20 在早安的歌曲中，时不时会出现对"日本"的称颂。其代表就是早安少女组。的《恋爱机器》（1999），歌中赞美了"日本的未来"。然而，本文想要特别指出的是 BEYOOOOONDS 的《日本 D·N·A！》（2019）中的问题。这首歌一开始就向"1亿2600万日本人"发出呼吁，敦促他们发奋图强，不要因为"不敢出头"而被世界抛弃。歌里最大的问题是副歌中的一句话，"DADADA 的蒙古人种 DNA"。这句歌词将竞争主义性质的民族主义和种族主义的"日本人"观念联系在一起,其中包含的歧视排外,无法被单纯归结为对自己国家的赞美。

21 从根本上说,我们在舞台上看到的"偶像人格"究竟是什么?根据欧文·戈夫曼(Erving Goffman)的理论,"当一个人在戏剧活动及解释的框架(theatrical frame)内进行表演时,被视为表演主体的'那个人'的自我至少被分为三层:(1)个人(person)、(2)表演者(performer)、(3)登场人物(character,也就是饰演的角色)"。中河参考这一理论,将之套用到歌唱表演上(同注释9第239页)。他指出,"观众不一定同时'看到'这三者",而且角色和表演者有一种倾向,"两者处于一种认知上的权衡关系,当观众沉浸在其中一方时,另一方便会退回到背景中"。他还指出,"一般来说,在表演中,登场人物(角色)和表演者(演员、歌手)的自我会得到展现,但个人的自我和身份往往被隐藏起来。尽管如此,在我们的文化中存在一个基本预设,那就是两者背后有一个作为主体的个人在驱动着两者,这个主体具有'自然'的生理、心理和生活史"(同注释9第262页)。如果把这点简单地套用到偶像的歌唱表演上,那么在舞台上呈现的偶像自我将是"歌曲的主角 / 表演者"这两种,观众"观看"的则是"主角"或"表演者"。然而香月孝史认为,今天,"偶像在舞台内 / 外的样子松散地交织在一起并被消费",从中"诞生了很难归结为'台上'或'台下'的偶像行为模式"(香月孝史:《"アイドル"の読み方——混乱する"語り"を問う》〔青弓社ライブラリー〕,青弓社,2014,第169页)。在舞台表演领域,偶像的技能越是受到重视,偶像的"表演者"属性就越容易受到好评。尽管如此,要把"表演者"和"个人"完全切割开来"观看"当代偶像,似乎极其困难。

22 指早安旗下成员。

23 在日本偶像界,恰恰是早安确立了在某个年龄阶段"毕业"离团这一形式。此外,虽说让偶像的"禁止恋爱"规范变得广为人知的是AKB48,但在AKB48成立前的2005年,早安就有过一个偶像因私人交往被报道而"退团"。现在,也有一些制作公司允许旗下偶像在活动期间恋爱或交往。然而,"禁止恋爱"至今仍然是社会公认的特别针对女偶像的准则。

24 香月孝史:《"アイドル"の読み方——混乱する"語り"を問う》(青弓社ライブラリー),青弓社,2014,第187—188页。

25 東京地判平成 27 年 9 月 18 日，《判例時報》第 2310 号，判例時報社，2016，第 126 页。另外，基于违反所谓"禁止交往"条款提出的损害赔偿请求是否成立，法院似乎尚未有定论。東京地判平成 28 年 1 月 18 日（《労働判例》第 1139 号，産労総合研究所，2016，第 82 页）就给出了相反的裁决。
26 "25 岁退休说"是因为 Elder Club 毕业事件后，早安成员的毕业时间都固定在 25 岁左右，所以粉丝猜测早安私下有成员最多待到 25 岁的潜规则（《ハロプロ"25 歳定年説"ついに破られる ファンに囁かれ 10 年以上…卒業年齢は"二極化"か》）。早安成员否认了这一传闻，现在也出现了一些年龄超过 25 岁的在籍成员。此外，由于"早安研修生"成功"升格"为早安正式成员的情况变多，所以事实上有很多成员在义务教育阶段就开始偶像活动了。
27 此处指的是名为"M-line Special"的系列巡回演唱会。
28 和田彩花，MESSAGE（http://wadaayaka.com/message/）[2022 年 3 月 16 日阅览]。

第四章

概念化的"Girl Crush"还是 Girl Crush 吗?

——对"Girl Crush"概念的再讨论

DJ 泡沫

1 到底什么是"Girl Crush"?

近些年,日本在谈到 K-POP(韩国流行音乐)女子偶像组合的时候,经常会使用的词语之一就是"Girl Crush"。"Girl Crush"多被用来形容那些"强大帅气""独立""不关注异性"的女偶像,她们从举止、造型到表演、歌词,都与大众一般印象中追求"可爱""受异性欢迎"的"日本偶像"截然不同。人们认为这是 K-POP 在欧美受到欢迎的理由,也时常会把"Girl Crush"和女性主义近年在韩国的兴盛联系起来。

可是,"K-POP 界的 Girl Crush"中真的存在和女性主义有关的思想和实际样态吗?本章中,我们将探讨有关"Girl Crush"的真实情况，同时反省在和韩国有着不同社会状况的日本，用类似言论来比较日韩两国偶像时，轻易评判"哪边更'优越'"的这种思考方式中隐含的问题。

说起来，"Girl Crush"这个词到底是什么意思呢？"Girl Crush"来自英语，在词典里"crush"有以下解释：

A brief but intense infatuation for someone, especially someone unattainable.[1]（短暂而强烈的情感，尤其针对难以企及的对象）

A strong but temporary feeling of liking someone.[2]（强烈但一时的喜爱之情）

加上了 girl 后，girl crush 的解释如下：

An intense and typically non-sexual liking or admiration felt by one woman or girl for another.
A woman or girl who is the object of another's intense liking or admiration.[3]

这段话翻译过来就是"女性及少女对同性抱有的非性意义的强烈好感和憧憬；也可指作为爱慕对象的女性及少女"。这里面是否包含了浪漫爱性质的情感，不同词典有不同说法，不过简单来说指的就是"女性对女性的好感"，区别于常被认为含有性视线的"恋爱情感"和性凝视。此外，如果加上 crush 原本有的"对难以企及的对象的强烈好感"这层意思，将其用来形容粉丝对偶像的"沉重之爱"可谓恰如其分。

也就是说，K-POP 界的"Girl Crush"，指的是"受女性欢迎的女子组合（的概念或成员）"。尤其在韩国，女子组合要获得人气的话，不仅需要核心的粉丝群体，大众的喜爱也必不可少，所以会诞生"受女性欢迎的女子组合"这种定位也就不难理解了。在同性中的人气可以看作是一目了然的"大众人气"风向标吧。核心粉丝群体有着特别强烈的"圈内（家人）意识"，粉丝同好一起集资筹办生日宣传广告或赠送礼物、给偶像送去慰问点心、以偶像的名义开展捐赠活动(这被称为"应援")、为了歌曲能进榜单而集体有计划地播放流媒体音源及购买 CD，这些是韩国偶像宅（即偶像粉丝）的常见追星方式。由于女性粉丝更容易亲密无间地团结在一起，所以某种程度上来说，女粉丝越多就越容易形成所谓"忠实的'饭圈'"。然而问题在于，当"Girl Crush"变成一种"概念"后，其表现出来的形象和"受女性欢迎"的定义，似乎变得极为狭窄和固化。

2 "Girl Crush"概念在韩国的诞生及其包含的形象

一般认为，"Girl Crush"一词在韩国流行开来是在2015年左右。这一时期，韩国卫星电视频道Mnet播放的女性Rapper淘汰赛节目《Unpretty Rapstar》热播。2014年出道的女子组合MAMAMOO以一曲《Um Oh Ah Yeh》（2015）爆火，有别于过去女子偶像组合要么"清纯"要么"性感"的形象，大众开始关注到女子组合和女性艺人的崭新魅力。

此外，2016年江南站女性遇害事件[*]发生后，在占据偶像粉丝群体大头的年轻女性之间，女性主义话题十

---

[*] 2016年5月17日，一名34岁的男性在江南站附近的卡拉OK洗手间里杀害了一名23岁的陌生女性。据犯人供述，他是出于对女性的厌恶而行凶；另一方面，警方表示犯人患有精神疾病。最终，犯人被判处有期徒刑30年。这一事件也引起了韩国社会对于"厌女"问题的广泛讨论。

分火热，带有女性主义意识的行为也受到女粉丝的欢迎。国际美容整形外科学会（ISAPS）称，韩国是全世界人均整容次数最多的"整容大国"。外貌主义在韩国社会比在日本渗透得更深，人们普遍以社会喜好的外貌为标准，重视外在形象。短发的年轻女艺人虽然不是完全没有，但和日本比都算是少的（在偶像中，短发成员有时候会以"概念担当"的形式存在），波波头程度的长短也会被划进短发、当作短发来表现。此外，年轻女艺人极少戴眼镜上电视。2018年林贤珠戴眼镜出演MBC电视台的晨间节目，成为"韩国历史上第一个戴着眼镜上电视的女主持"。2018年左右在韩国，以十几到二十几岁的女性为中心开始了"脱束胸衣运动"，旨在摆脱从内到外如束胸衣一般强加在女性身上的形象和压迫。这项"努力摆脱社会性女性气质的运动"，本来应该是没有标准的实践方法的，却因改造"外在"的做法引人注目，如"剃头、不化妆、不穿高跟鞋、不穿短裙等不方便活动的着装"。这种改变外表的行动在韩国形成了比日本更激烈的反叛运动，考虑到韩国国情我们不难想象，当偶像的造型和表演不同于一般受男性欢迎的"性感"或"清纯"风格，不管从好的意义上还是坏的意义上，都会容易让人将其和女性主义联系起来。

其结果是,"Girl Crush"这个词和女性主义挂上了钩,经常被用在那些言行中带有女性主义要素的女艺人身上。

"Girl Crush"概念开始席卷 K-POP 界的转折点,大概是 2018 年吧。2018 年是 BLACKPINK 发布《DDU-DU DDU-DU》并且人气暴涨的一年。BLACKPINK 在出道时就强调浓重的嘻哈曲风,成员以"掌握主导权的女性""不做附属品的强大女性"形象示人,很容易被看作"Girl Crush"。但同时,她们也会在歌词里喊"欧巴"(女性对亲密的年长男性的称呼,也会用来称呼男朋友),表现"恶女在恋爱中露出的无畏表情",和同事务所的前辈组合 2NE1 相比较,BLACKPINK 显得更有女人味。然而,以《DDU-DU DDU-DU》为契机,BLACKPINK 一口气脱胎换骨,转变为堪称"K-POP 女帝"的强大形象。在这支充满力量的 MV 中,成员身穿奢侈品牌服装、乘坐巨大的战车,表情冷酷而挑衅。歌曲火到什么程度呢?截至 2022 年 3 月,MV 在全球创下 18 亿播放量的纪录;在韩国用户最多的音乐平台 Melon 上,达成了 24 小时内收听人数破百万的成就,这在女子偶像组合中属首次。同年,2011 年出道、始终走清纯路线的 Apink 组合,凭借一曲《I'm So Sick》

（2018），在出道第八年第一次堂堂正正地以成年女性的形象发歌，并获得佳绩。2017 年以活泼的夏日曲《Red Flavor》大火的 Red Velvet，也发行了《Bad Boy》《RBB》（2018）这样概念上更"强势"的歌曲。此外，这一年出道后迅速获得榜单第一的 (G)I-DLE 和 IZ*ONE 的出道曲，也多少有别于新人可爱、清纯的固定形象。

韩国网络媒体 IZE 上刊登了朴熙雅[*]的文章《制作 Girl Crush 概念或女子组合真难》[4]，文中提到了一些 K-POP 作曲家的说法，例如"最近经常有人要求我以'Girl Crush'为关键词作曲""现在成功的女子组合，大多是'Girl Crush'而非清纯可爱的形象，大家都想要跟上这股风潮"。当时的主流观点里，也有一些分析和言论认为，"伴随着女性主义在韩国如火如荼地发展，大众开始期望偶像展现出 Girl Crush 风格的形象"。但是这个时期依靠 Girl Crush 风格走红的组合，几乎都是从大事务所和热门节目里走出来的，还没出道已经粉丝成群，从一开始就万众瞩目。考虑到上述情况，其实并不能断定这些偶像是全靠 Girl Crush 概念才走红的。

---

[*] 朴熙雅，韩国记者，对韩国偶像及 K-POP 产业有深入研究，曾任 IZE 采编团团长，出版有采访集《偶像制造者》（2017）、《偶像工作室》（2018）等。

就像上述文章里偶像女团的制作人和工作人员说的那样,"经济上宽裕的话,也可以把宝押在单个概念上贯彻到底,但是真的能做到这样的公司很少。最后就变成了,总之先把排行榜上最流行的风格试一下吧","虽然会试着模仿排行榜上热门的TWICE、BLACKPINK,但能不能火也要看公司的能力和运气","Girl Crush"实质上不过是"对人气组合概念的一种效仿",简单只看表面形象就将之和女性主义联系起来加以赞美,会和女性的主体性产生根本上的矛盾。说到底,"Girl Crush"原本是女粉丝用来形容自己感情的词语,可当它成为"概念"时,意味着这是制作方想着"女粉丝会喜欢"而创造出来的东西。目前的K-POP界里,虽然在制作偶像女团相关的A&R[5]领域里有很多女性工作人员,但拥有最终决定权的制作人大多是男性,因此很容易变成"男性眼中会受女性欢迎的概念"。

前面提到的文章中有作词家评论说,"大部分人,不管怎么要求我在歌词中活用'Girl Crush',还是会希望我不要使用kiss(吻)、啵啵(亲亲)、爱、肌肤相亲等直接的词语"。从中也能感受到在韩国"年轻女性不应该说这种话"的规训有多强(其中可能还有担忧的成分,怕社会对演唱这类直接歌词的年轻女歌手投去异样的目光）。此外还存在其他问题，比如"Girl Crush"从定义上已经事先排除了恋爱情感和性视线，因此特意使用"Girl Crush"一词，意味着也事先排除了目标女性粉丝中性取向为同性的那部分。

当人们比较日韩两国的女偶像时，经常会说日本女偶像是"提线木偶"或"女性形象千篇一律"。可是，回看"Girl Crush"概念化的过程，若想到其背后有着上文所说的种种考量，甚至连这一概念的产物都那么整齐划一，那么这与刻板印象中的日本女偶像，又有什么本质上的区别呢？

3 K-POP界对女团女粉的刻板印象史

早在"Girl Crush"这个词被频繁使用前，就已经存在受广大女性支持的女子偶像组合和成员了。2009年是一个尤为重要的分水岭。这一年，造型上极具冲击力的2NE1以一曲《FIRE》出道，歌中做出了强有力的宣言——"就算被信任的世界再次背叛 我也绝对不会哭泣""我会将你带向对岸 不要害怕跟随我吧""向着更美好的明天"。紧接着，同年以《LA chA TA》出道的

f(x)，在次年发行的《Nu ABO》中，以未知新血型的出现象征新世代的登场。她们不同于过去的年轻女性形象，有着只属于自己的世界和独特的观点、志趣。这两个偶像组合有着无法用性感或可爱来分类的新女团的魅力，女性粉丝的比例也很高。这个时期，有一个词经常用来形容那些在女性中人气高的女偶像，那就是"Tomboy"[6]。"Tomboy"的意思是"a girl who acts and dresses like a boy, liking noisy, physical activities"[7]，也就是说，指的是像"少男或男性那样"喜欢大胆奔放的举动，或者是有着类似外表的女生。2009年的韩国某体育报形容"Tomboy"是"女子组合里的男性成员"，并将2NE1的成员CL、4MINUTES的祉润*、KARA的妮可、少女时代的秀英等称为"Tomboy"，理由是她们的形象直率大胆、留短发、经常穿裤子。文章中将出现这样形象的理由解释为"女子组合的男性粉丝已经达到饱和状态，这是开拓蓝海的一环"，也就是说作者主张这是一种战略，即利用Tomboy的形象营造出本不应存在于女团中的"少男气质"，以吸引（理应）对女子组合不感兴趣的女性的注意。但是说到底，"受女性欢迎的女子组合"里拥

---

* 又译智允。

有少男形象的成员，并不一定就是在女性群体里最有人气的成员，所以这种论调很难有说服力。

实际上最能代表"Tomboy"这个词的，莫过于 f(x) 的成员 Amber 吧。从出道一直到 2015 年的《4 Walls》，Amber 都以短发和裤装形象示人，除了杂志写真外，在参加活动时从未穿过裙子，也就是贯彻了所谓的"职业少男风"。但是，考虑到 f(x) 出道前的概念写真里，Amber 是一头长发、身穿连衣裙的形象，所以 Amber 的"少男风打扮"多半从一开始就是作为组合概念的一部分确立的，和成员自身偏好或想法关系不大。最终，Tomboy 这个词并没有像 Girl Crush 一样固定下来，这是因为真正符合 Tomboy 这个词的其实只有 Amber 一人而已，像 CL、秀英等性格各异的女偶像，仅仅因为"在女性中有人气"就被归拢到"少男或男性形象"下，有点过于勉强了。

在这方面，Girl Crush 是一个比 Tomboy 解释起来更宽泛的词，但不可否认的是，在概念化的过程中，它也重蹈了 Tomboy 的覆辙。Tomboy 和 Girl Crush 的初衷是逃离和摆脱"少女气质"的标签，但根据使用方式不同，这些表达也可能会产生新形式的标签。

无论是做出挑衅社会般的强烈表达，还是不管社会风尚如何,将清纯可爱的形象贯彻到底,只要两者都是源自"女性的主体性",就都应该能给女性带来力量。然而有时候,人们会反过来给女性的主体性表达贴上"不符合强大女性形象"的标签。2NE1的CL为歌曲《想那样活一次》作的词,被舆论抨击其中描绘的女性形象太缺乏独立性,就是一个典型的例子。

上述问题还与一种幼稚病直接相关,那就是不考虑社会背景和历史差异,把日韩两国偶像拿来比较,并评价韩国偶像更"女性主义"。在比较日韩偶像时,大家首先会想到的就是日本偶像的代表——以AKB为首的48系和46系组合,但其实日本女偶像的世界,在乐曲和表演的类型上远比韩国偶像更丰富多彩,主流和地下在分层上的广度和深度也更胜一筹。日本女偶像的亚种非常之多,有的简直可以说是在乱来,正因此,才会出现完全由自己进行策划的女偶像、打扮成异性装束的偶像等,女偶像的音乐节还会邀请只由性少数成员构成的偶像组合。如此的"多样性"是韩国女子偶像界尚不具备的。就算只比较主流偶像,48系和46系、桃色幸运草Z、早安少女组。等所属的早安家族,这些团体在做的事情和形象也截然不同。虽说在日本偶像界,很少见到像韩国那样以一目了然的"帅气"表演和外形登上顶峰的偶像，但相对地，在韩国也很少有像榉坂46前成员平手友梨奈那样的成员，她的外表和性格有着无法一言蔽之的复杂魅力，在担任C位的同时，会为概念提出建议并带领组合向前。在韩国，论资排辈的问题比日本更严重，使得粉丝和偶像之间的"家人感"深受辈分关系影响，而且激烈到波及现实的网民恶评时有发生，因此韩国女偶像很难如日本女偶像一般，在社交媒体和签售会上毫不忌惮地回击异性粉丝，直接提醒粉丝注意言行。像Perfume那样，成员过了30岁还能保持最初阵容、持续开展巡演等活动的女子组合，在韩国可以说基本见不到。此外，即便Amber的风格在她以f(x)成员身份活动期间作为一种"概念"被人们接受，但这种风格在她逐渐停止组合活动、开始个人活动后遭到了强烈批判，这或许反映出社会舆论认为"作为偶像概念的Tomboy尚可接受，但如果真实性格也是那样就吃不消了"。在日本也引起热议的《82年生的金智英》[8]一书，以前在韩国登上畅销榜时，对于自称读过此书的男偶像，评论多是称赞之词，但Red Velvet的Irene说自己读过时，却遭到网民口诛笔伐："明明赚的是男粉的钱，结果是个女权分子吗？"Apink的前成员孙娜恩仅仅因为手机壳上写着"GIRLS CAN DO ANYTHING"（女孩无所不能）

的女性主义短语就被骂了。也有女偶像只因在男女意见对立的事件中，给支持女性一方的意见和报道点赞，就有网民在青瓦台论坛（韩国政府管理的供国民提交请愿的论坛，由文在寅政府设立。按照规定，如果收集到一定数量的签名，政府就必须对请愿书做出回应。2022年在政府换届后被废除）上发帖，要求对其进行处罚。

韩国男女所处的社会状况与日本不同，有其自身的曲折和观点上的差异，例如一些堪称仇视男性的极端女权团体在韩国很有影响力，还存在只对男性有强制性的兵役制度。因此，韩国人比日本人更难做出违背社会气氛的行动和发言，韩国的偶像和女艺人也很难公开表达对女性主义的兴趣和感想。另一方面，虽然日本也有反感偶像和艺人做出政治性发言的风气，但像AKB48的横山由依就在自己的YouTube频道和采访中谈到过自己对于女性主义的兴趣，她还推荐了《82年生的金智英》，并借读后感阐述自己的思考。同时，还有许多女偶像坚持用自己的话语发声，对女性身处的社会和偶像界中存在的问题提出质疑，例如AKB48出身的秋元才加，早安家族ANGERME出身、曾任初代队长的和田彩花，等等。

偶像在某种意义上是社会和时代的缩影，所以有些人会只看偶像的表面形式，将自己对"社会怎么会流行这个"的担忧，朝着偶像本人及其风格发泄。然而，随着社会不断变化，偶像的形态和表现方式自然也会发生变化，且社会变化本身也理所当然会因各个国家的社会状况和历史脉络不同而存在差异。比如在韩国，网络女性主义从2016年兴盛至今，但"厌女"（Misogyny）一词早在2012年就经由上野千鹤子《厌女》[9]一书的韩语译本变得广为人知；又比如韩国女团有一项特殊工作是针对军队的"慰问演出"，在这种演出中，女偶像的舞台动作和服装打扮要比平时更注重"讨男人喜欢"，这点即使在日本偶像"饭圈"内部也很少有人会注意到。

从这些事例来看，仅凭当下的流行趋势就简单断定孰优孰劣是不合适的，毕竟当下也只是历史长河中的一部分罢了。日本有日本特有的，韩国也有韩国特有的，围绕着女性的压迫和问题。在一些社会中，即便表演和概念看起来很进步、很自由，但在表演之外对偶像的意志和样态有太多压迫；在另一些社会中，尽管偶像个人的意志表达相对自由并受到包容，但终究还是那些形式上更为保守的表演和概念更受欢迎。女性赋权的形式无疑会因每个社会的历史和文化而不同，没有一种特定做法是绝对"正确的",强行套进某个模式本身可能会让另一些女性的生存处境变得更艰难。

4 女性粉丝心中最喜爱的女偶像和歌曲

从 2015 年"Girl Crush"一词初次在韩国媒体上出现,一直到 21 世纪 20 年代初,回顾受女性欢迎的女偶像,其实各个组合的魅力可谓千姿百态,无法单单用"Girl Crush"概念这一个词来概括。BLACKPINK 发行《DDU-DU DDU-DU》之后,在《Kill This Love》(2019)、《How You Like That》(2020)中凭借相同的形象跃升为全球最有名的偶像女团;成员 Jennie 的个人单曲《SOLO》(2018)同样席卷韩国音乐排行榜,歌中唱着"独身一人也很开心 / 只因我想活出真我",连恋爱对象都不需要了,将"手握主导权的强大女性形象"贯彻到了极点。但是,这之后 2020 年发行的《Lovesick Girls》中,她们唱着"我们生来注定孤独,为何却想追求爱情?",歌曲以"不由自己控制的内心"为主题,展现出更深层次的女性形象,可视作 BLACKPINK 此前所表现的女性形象的内面。

自 2014 年出道起就深受女性欢迎并逐渐走红的 Red Velvet，最初以 Red 和 Velvet 这两种带给人不同感受的关键词为概念。一方面，她们发行了谁看到都会露出笑容的《Red Flavor》和《Power Up》（2018），以活力满分的形象赢得大众人气；另一方面，她们在《Peek-A-Boo》（2017）和《PSYCHO》（2019）等歌曲中，充满魅力地表现了刻奇（kitsch）又冷酷、无法简单概括也无须他人理解的、谜一般的复杂女性形象，构建起了狂热的女性"饭圈"。Red Velvet 看上去就像是少女时代和 f(x) 的混合体，前者是同属 SM 娱乐事务所的前辈组合，拥有最符合大众口味的女性魅力，后者的风格更为小众，依靠女团中少见的亚文化式概念斩获大量同性粉丝。不过，2020 年出道的后辈组合 aespa，凭借和这些前辈完全不同的概念，同样获得了女性的支持。

aespa 是在名为"KWANGYA"（旷野）的元宇宙这一基础世界观下诞生的，设定中成员在电脑世界里拥有虚拟形象（avatar），这使得她们在带有次世代少女美学的同时，又具备数字亚文化感，令人联想起网络游戏中的角色——网络游戏是韩国主流的御宅族文化。aespa 依托不像现实女性的失真感和形象，确立了自己的个性，成为 2021 年最红的女团。

MAMAMOO曾发行过内容上也很直白的歌曲《Girl Crush》（2015），可以称得上是韩国Girl Crush风潮的开创者。可能是因为在走红之作《Um Oh Ah Yeh》的MV中穿了男装，玟星和华莎两人的性格很受瞩目，前者因中性气质在女性中受到欢迎，后者凭借真人秀节目中毫不造作的形象而在大众中人气高涨。此外，MAMAMOO在表演水准高超的同时，还拥有多面独特的魅力。既有《HIP》（2019）和《Dingga》（2020）那样无关男欢女爱、热热闹闹、充满幽默和亲近感的歌曲，也有《Starry Night》（2018）和《Egotistic》（2018）那样并不否定女性气质的歌曲。另一方面，成员之间的"化反"（化学反应的缩写，韩国偶像宅用这个词来指代成员之间的羁绊和关系。和"CP"的意思接近，但也常用来指代不含恋爱要素的"拍档"关系），也是吸引女性粉丝的要素之一。例如被粉丝比作日月关系的颂乐和玟星、青梅竹马并文有同款文身的辉人和华莎等，从她们的关系中能感到类似"女校中受人憧憬的小团体"的氛围。

OH MY GIRL从出道起就以天使、妖精等幻想元素为概念。尽管初期她们是少女时代那样的清纯形象，但后来以神秘的世界观和可爱气质，获得了越来越多的女粉丝。她们的世界观就仿佛记在秘密日记里只属于自己的故事，令人联想起少女的内心世界。

在 Mnet 播放的偶像淘汰赛节目中呈现了压倒性表演的 (G)I-DLE，以《LION》（2019）等歌曲中展现出的强大形象引起人们的关注，但其实她们还是女团中少见的会创作的组合：队长小娟协同制作，成员自己大量参与词曲创作。虽然通常来说女偶像的创作和男偶像相比容易遭人轻视，但是她们在制作上的主体性尤其受到女粉丝的支持。2022 年，在成员退团*后的这个时间点上，(G)I-DLE 发布了歌曲《TOMBOY》。歌中唱着"既不是男人也不是女人（单纯的 I-DLE†）"，表达了想将组合名字前面象征女孩（Girl）的（G）消除的愿望，成员还说，"如果正确理解了这首歌，就应该能懂得我所说的'TOMBOY'是什么意思"。通过刻意使用中性风的"TOMBOY"一词，(G)I-DLE 传达出一种内心层面的"TOMBOY"态度，即想要成为不被冠以男女性别的"单纯的 I-DLE"。

催生出"叔粉"（大叔粉丝）一词的少女时代，通

---

* (G)I-DLE 最初为六人组合，后因校园霸凌争议影响，成员穗珍退出，组合变为五人阵容。

† "I-DLE"在韩语中谐音"孩子们"。

常给人男粉多的印象。但根据官方"粉咖"（粉丝社区）对会员性别的分析结果，女性会员占到46%，接近一半；即使在核心粉丝居多的"现场活动"中，女粉丝也比很多团体要多。容易被归入"（大众印象中）男粉多的女团"的还有TWICE，虽然在粉咖、粉丝见面会和录制现场，TWICE的男粉比例很高，但在知名书店（在韩国，CD专卖店几乎已经消失，核心粉丝一般会采取预购的方式，其他人多会在书店购买CD）阿拉丁的电商网站上，购买CD的男女比例几乎对半开，购买演唱会门票的男女比例也在六比四左右，所以事实上女歌迷的数量并不少。

最后让我们把目光投向SOLO（个人）歌手。金泫雅过去是WONDER GIRLS、4MINUTES等人气女团的成员，现在作为SOLO歌手活跃。她在团体时代就凭借不谄媚的性感和不可思议的天真，赢得了同性的高度支持。同为WONDER GIRLS出身的宣美，现在自认是LGBTQ+女王，性少数群体不分男女都对她支持有加。IU是在男女老幼中都拥有超高人气的国民歌手，所有歌曲一经发行就占据音乐排行榜榜首，虽然出道时是可爱少女的形象，但从那时起就已经因为充满态度的发言和性格收获了很多女粉丝。无论这些偶像在大众眼中的印象如何，女性从很久以前就捕捉到了她们身上的多样魅力，凭借自我意志成为这些女偶像的粉丝。

近年来，《再次重逢的世界》（2007）成为年轻女性在集会活动中最常使用的偶像歌曲。这首歌将出道前的兴奋和不安比作踏上新世界的旅程，作为少女时代的出道曲，歌中虽然极尽强调清纯感和少女气质，但歌词写道："在许多未知的道路上 / 我追随着那朦胧的光芒 / 永远和你在一起 / 重逢的我的世界"[*]，鼓励人们去肯定心怀不安的弱小自己。女性对歌里描写的心情感同身受，因而选择了这首歌。如同这首歌一样，"Girl Crush"不应该是由他人决定的概念，每一个女粉丝以自身意志爱上的偶像才是真正的"Girl Crush"。但愿女偶像和女粉丝之间的关系，既不会作为政治主张的象征或标志被人利用，也不会单纯作为"概念"被人消费，我在心中这样祈祷着。

---

[*] 引用自官方中文版歌词。

注释

1 "crush", LEXICO（https://www.lexico.com/en/definition/crush）[2022年6月8日阅览]。
2 "crush", Cambridge Dictionary（https://dictionary.cambridge.org/ja/dictionary/english/crush）[2022年6月8日阅览]。
3 "girl crush", LEXICO（https://www.lexico.com/definition/girl_crush）[2022年6月8日阅览]。
4 パク・ヒア：《ガールクラッシュコンセプト/ガールズグループを制作するのは難しい》, IZE, 2018年11月20日（https://www.ize.co.kr/news/articleViewAmp.html?idxno=24599）[2022年6月8日阅览]。
5 Artists & Repertoire 的缩写，在韩国娱乐策划公司中指挖掘新人并为他们匹配概念和歌曲的部门。
6 关于 Tomboy 的记述参考了以下文章。《퀴어돌로지 = Queeridology : 전복과 교란、욕망의 놀이》, 发行人 : 오월의봄（ハン・チェユン：《典型的でない女性歌手の系譜——トムボーイ、ガールクラッシュ、そして女オタクのクィアリング》, スクイップ/マノ/サングン/クォン・ジミ/キム・ヒョジン/ユン・ソヒ/チョ・ウリ/ハン・チェユン/キム・ジヒョン/ルイン《Queeridology——転覆と攪乱、欲望の遊び》, 五月の春, 2021）（https://www.enlib.or.kr/service/search_detail.asp?kid=ALL&id=2785316）[2022年6月8日阅览]。
7 "tomboy", Cambridge Dictionary（https://dictionary.cambridge.org/ja/dictionary/english/tomboy）[2022年6月8日阅览]。
8 チョ・ナムジュ：《82年生まれ、キム・ジヨン》, 斎藤真理子译, 筑摩書房, 2018。
9 上野千鶴子：《女ぎらい——ニッポンのミソジニー》, 紀伊國屋書店, 2010。韩语版的书名是《我恨厌女》。

第五章

若我用性的眼光看你是一种性消费的话

金卷智子

1 世界充满了恶劣而悲哀的暴力

好痛苦。很抱歉突然这么说，但是每一天都好痛苦。活在这个世界上太难了，每天都过得浑浑噩噩。收到稿件委托要我写男偶像的性消费问题时，新冠疫情已经发生了，在这样的日子里正是娱乐业给我们带来了希望。屏幕里，又或是观众全员戴着口罩的剧院和音乐厅里，表演者让我们露出笑容。

"相信娱乐的力量。"这是NHK电视台《行家本色》节目2011年10月10日那期SMAP说过的话。当时正值东日本大地震。新冠疫情期间，我也是同样相信着这句话撑过来的。但是，2022年2月俄乌冲突爆发，3月日本东北又发生了大地震，活在这个世界上真的好难。现在是2022年6月，战争的情况每天都在被报道。战争的影像、有关战争的言论，就像是娱乐一样被人消费着，想到这些我的心情也变得消沉起来。

这期间，一些电影导演和演员的性暴力丑闻见诸报端，他们的作品我也看过不少。这是娱乐业一直存在的问题，和本章要谈的性消费主题也有关，我不能装作视而不见，但我连愤怒的力气也没有了，又或者说不愤怒就活不下去的世界太让我痛苦了。这个世界糟透了。

受害者在这个最糟的世界里遇到了最糟的事情，让我们就从这里说起吧。说说娱乐业中的性暴力问题。

在有床戏的真人电影里，强行要求演员做爱是完完全全的暴力。极端来说的话，要求演员真的做爱和杀人戏里要求演员真的去杀人是一样的，和战争戏里真的炮轰城市、屠杀百姓是一样的。但是床戏，或者说性表现本身，我觉得并不是暴力。表现应该是多姿多彩的。只要事先征得演员的同意，即便表现的是违背伦常之事，那也不是暴力。性表现——也就是通过描写性来诉说爱和绝望——本不应该是一种暴力。但是，这绝不是拍摄过程中可以强行要求的东西。

在批判男性对女性实施的性暴力时，网上常见的批评意见里，偶尔会出现将性暴力和性表现、性消费混为一谈的扎眼言论。虽然混淆三者的人有时自称是女性主义者，厌女狂则骂她们是"网络女权"，但从根本上说，女性主义是一种承认弱势女性的权利、追求男女平等和多样性的思想，上述混淆与原本的女性主义相去甚远。我认为类似意见被当作女性主义言论传播是非常危险的。因为将性暴力和性表现、性消费混同在一起的言论，有可能导向对女性的性表现和性欲望的管制。三者虽然密切相关，但必须分开讨论。

当一个现实中活生生的人做出性表现时，确实会成为性消费的对象。做出性表现的人，有时也会成为性暴力的对象，但性表现不一定就等同于性暴力。说到底，性消费不是罪。虽然性消费常常会蕴含暴力，但并非所有的性消费都是暴力。

当然，不是只有男性有性欲。女性也有性欲，会幻想性、表现性，有时候也会实施性暴力。不管是男性对男性，还是男性对女性，又或是女性对男性、女性对女性，又或者哪种性别都不是，性暴力都是恶劣的行为，但这并不意味着性表现就是恶劣的。然而，实施性暴力的人会对性表现加以利用。例如借口想在作品中加入性描写，打着追求艺术性或真实性的旗号，要求演员实际发生性关系，像这样的行为纯粹是暴力。这就是为什么性表现会受到和性暴力类似的谴责。换句话说，性表现也是现实中性暴力的受害者之一。

另一方面，人们能够开始讨论娱乐圈性暴力的真实情况以及该如何纠正这一现状，我认为这是非常令人欣喜的事情（尽管侵害事件本身极其恶劣）。艺人是万众瞩目的存在，大众对艺人的人生和私生活都倍加关注。如果有更多艺人能站出来揭露性侵害问题，应该也会推动大环境改变，让普通人更敢于起诉加害者。发声本身就需要很大的勇气，所以我希望能尽我所能支持那些采取行动的受害者，我也一直努力在这么做。

2 我注视你的目光到底是不是暴力

经过上文的铺垫，终于能讲到本章的正题——性消费了。

前面也说过，性的眼光和性消费，并不是罪。有性欲这件事并不是罪。只有在涉及活生生的人、让对方身心受到伤害的时候才是罪，投以视线、怀有欲望、进行消费，这些事情本身并不是罪。不过，注视本身会伴随行动，不管是什么性别，死盯着看就有可能成为暴力。同样，在公共场所展示会招来性的眼光的事物（即便只是二次元角色的插图等），因为TPO[*]的问题，难免会被一些人视作是暴力的（有些人甚至会对可爱的动物产生性欲，所以我个人认为这是一个复杂的话题）。这里补充一句，本章中所说的性的眼光，和实际上的死盯着看不是一回事，指的是存在于心中的凝视。

顺便一提，我在永六辅[†]的《艺人们的演艺史》中读到，过去在脱衣舞中是禁止做扭腰动作的。书上说："即便在今天的脱衣舞中，前后顶胯或转圈扭腰的舞蹈动作也是被禁止的。"[1]虽然业内人士告诉我，现在没有这种规矩，但如果真的存在这种规矩的话，那我看到的男偶像的舞蹈算是怎么回事呢？在男偶像的表演中，经常能见到半裸上身、挺动腰部这种让人联想起性爱的舞蹈动作。表演时每每会引来粉丝尖叫。好吧，自从新冠疫情之后，我就再也没有看到过这样的场面了，所以这些只是我的回忆，但确实存在这样的舞蹈编排，而且这些

---

[*] 日语中将Time（时间）、Place（地点）、Occasion（场合）合称为TPO。
[†] 永六辅（1933—2016），日本作词家、主持人和散文家，代表词作有《昂首向前走》（1961）等。

动作无疑具有性暗示。对了，抛开扭腰动作不说，据说抓裤裆的动作起源于迈克尔·杰克逊的抓胯舞（Crotch Grab）。无论如何，这显然是一种性表现。这也不仅限于男偶像，舞蹈表演本身就有许多带有性意味的表现方式。现代芭蕾中有类似的表现，肚皮舞（belly dance）和电臀舞（twerk dance）也是如此。

我以前在其他地方说过，性舞蹈让我想起天钿女命。天钿女命就是传说中在天岩户前露出生殖器跳舞的女神。上文提到的《艺人们的演艺史》中也出现了这个故事，所以这未必是无稽之谈。

天钿女命是被性消费了吗？说起来，表演艺术和性之间一直有着很深的联系。平安时代起，大众就默认卖艺者也卖身。不光是女人，男人也会卖身，但由于这个国家里性的主体是男性，所以沦为牺牲品的绝大多数是女性，这是不争的事实。不过，不能忘了在这背后也有卖身的男人存在，现在也是一样的吧。

过去卖艺者也卖身，不代表这种风气在当代社会依然盛行。但另一方面，卖艺者确实至今仍吸引着性的目光。这件事无关男女，前面提到的扭腰舞蹈动作就是一个例子。此外，对男偶像不感兴趣的人可能不太了解，女偶像常拍的那种近似裸体的写真，男偶像也是会拍的，照片中很明显带有性意味。只不过，这些照片不会出现在列车里悬挂的广告上，也不会登在报纸上，唯有在一部分杂志里才能见到。可以说，女性的性欲是被隐藏起来的。但事实上，许多女性都对男偶像抱有性欲，这与男性对女偶像的欲望几乎别无二致。

话说，我平时在某种意义上也是从事娱乐创作的一方，我认为创作者有性的眼光是理所当然的。不具备性的眼光，就不可能创作出唤起人们欲望的东西。但我要再重复一遍，实际做出性方面的举动是错误的。不过，偷偷在幻想中用性的眼光注视偶像，又或是表演者展现自己的性魅力，这些都不是错。

为什么我们明明知道抱有性的眼光没有错，还是会为此感到犹豫呢？性行为是生物的活动之一，做与不做本应是自由的，即便产生情欲也不是罪。用性的眼光看人就意味着产生了情欲，恋慕之情也接近于情欲。但是，在这些成为工作或是暴露在公众视野中的瞬间，情况就变了。在有关卖淫的讨论中，"自由意志"问题一直是争论的焦点。一派主张说，一些人是基于自由意志从事卖淫的，这点我同意。此处的卖淫指的是含有插入行为的非法性活动，对于其他性工作当然也是如此。然而另一方面，在这些所谓自愿卖淫的事例背后，经常有生活贫困、遭受欺诈、被交往男性强迫卖淫等种种原因，考虑到这些，我们很难断定怎样的自由意志才是真的自由。艺人也是生物，当艺人在拍摄写真、开演唱会或演戏时，不管是涉及性还是强调性都是很正常的事情。只要这是自由意志下的行为便无须干预，但如果当事人不愿意这么做，那就是暴力。

这其中，那些基于"自由意志"选择了取悦他人或表现自我的人（不管是否涉及性表现），在我心中都是偶像。回到天钿女命的故事来看，偶像或许是一种相当于神的存在。但我认为，成为近乎神的存在，也意味着偶像要背负上巨大的十字架。然后，我开始思考神有没有自由意志。神是生而为神，还是自愿成神？

强迫他人进行性方面的行为，不，强迫他人进行任何行为都是暴力。但是，这世上真的有什么东西不是强加给我们的吗？为什么我们活着，为什么我们会有欲望，这难道不是世界强加给我们的东西吗？说我们做某件事是为了取悦别人，难道不是一种幻觉吗？会不会是社会强加给我们的呢？偶像或以演艺为生的人，所做的一切真的是出于自己的意愿吗？比如，当我看到歌舞伎世家时不禁会想，那些从小接受严格训练的孩子真的"想要"学这门技艺吗？我陷入了思考的旋涡。

姑且说，我或者你，用性的眼光去看别人不是罪吧。那么当一个人试图让众人用性的眼光看自己，这种行为算是有主体性的吗？我已经搞不清楚了。我唯一能说的是，我确实在用性的眼光注视偶像。为什么我一边说这不是罪，一边又感到内疚？或许是因为别人用性的眼光注视我的时候，我会感到不舒服吧。为什么会不舒服？成为别人性欲的对象往往是不舒服的。除非来自喜欢的人，不然绝大多数的凝视都让人不适。这是为什么呢？当活生生的人类变成商品时，为什么我们会生出难以言喻的内疚感？我没有答案。而当这些人成为商品时，谁能断定背后百分百不存在强迫呢？会不会是因为某些人——比如我——认为一定程度的强迫是理所当然的，才让这种情况正当化了？这难道不是暴力吗？

我在写这篇文章时没有答案。今后我能找到答案吗？阅读这篇文章的你，是否也和我有相同的感受？如果女性将这种罪恶感以指控的方式，发泄到那些表现出性欲的男性身上，那将是让人悲哀的。因为那些男人和我们自己并没有什么两样。

我上面写下的东西既零散又没有答案，全是些常识性的事情。但是，如果不反复强调这些常识性的事情，世界就不会发生改变。性暴力，或者说一切暴力，都是犯罪。但性消费和性的眼光并不是罪。

我在用性的眼光注视他们,这是不可否认的事实。如果是这样的话,我唯一的愿望是我所注视着的你能够拥有发自内心的笑容。

就像你让我露出笑容一样,我也希望你能展露笑容。在我目光的尽头处笑吧,拜托了。

注释

1　永六輔:《芸人たちの芸能史——河原乞食から人間国宝まで》,《ドキュメント=近代の顔》第二巻,番町書房,1969,第72页。

第六章

试论酷儿与偶像

——从二丁目之魁 Coming Out 编织出的两义性

上冈磨奈

1 对于"理所当然"的芥蒂

传统的偶像论，总是使用"假想恋爱"等关键词，默认偶像及其相关文化都要遵从一个大前提，即把异性恋奉为"标准"的异性恋主义。事实上，偶像一直会有意识地、战略性地利用性别偏见，强调"男人味"和"女人味"。再继续往前推，就出现了"禁止恋爱"这样的词。换句话说，偶像文化的制作者不但认定粉丝是异性恋和"异性"（相对偶像来说），而且认定作为表演者的偶像也一样是异性恋、顺性别，以此为前提构思了各种各样的表演和企划。强调性别气质的服装款式、商品设计、行为举止确实有其魅力，可以说是偶像很有代表性

131

的一种表现手法。

然而,有太多被视作"理所当然"的事情,已经超出了表现手法和表演方式的范围,比如默认粉丝和偶像都是异性恋、粉丝对偶像抱有恋爱情感、这个世界上只有两种性别。每当看到这些"理所当然",我难免感到心存芥蒂,原本单纯享受偶像的心情也像是被踩下了刹车。即便对"理所当然"抱有违和感,也不得不把这种违和感当作个人问题消化掉,虽然像这样的遭遇在其他领域也会有,不过对偶像宅来说确实是常事。例如在采访中被问起"喜欢的异性类型",又或是碰到偶像在大小演出上按照性别朝观众喊道"女生——!""男生——!"时,我只好补充解释一番,或是用自己能接受的方式做出回应(当然我们都知道 Perfume 在演唱会上还会喊"以上都不是的人!",但你也要有勇气去回应)。喜欢偶像的时光,乍看之下自由又愉快,但有时遇到的一些事情,也会让人深切地意识到异性恋主义和性别二元论才是世间主流。粉丝也好,偶像也好,都被期待着像异性恋一样行事,虽然有快乐的时候,但痛苦也与日俱增。

在我为心中芥蒂所苦时,男同性恋偶像组合"二丁目之魁 Coming Out"的存在让我感到豁然开朗。"二丁魁"的前身是2011年成立的"二丁早安",这个组合以"男同也能做偶像"为概念,全体成员都是公开的男同性恋。其实在二丁魁以外,也有一些偶像公开过自己的性取向,又或是谈及自己在性向上的迷茫。[1]但是,把公开性取向和组合概念结合在一起的偶像并不多见。而在这当中,能够发表数十首原创歌曲,在"TOKYO IDOL FESTIVAL"和"@JAM EXPO"等数万人规模的大型偶像音乐节上演出,并在赤坂BLITZ、Zepp DiverCity和中野太阳广场等能容纳数千名观众的场地举办专场演唱会,也就是说获得某种程度的商业成功和知名度的偶像,截至2022年的现在,只有二丁目之魁Coming Out吧。

二丁魁这些年来作为偶像所累积的存在感,绝不仅仅是建立在性取向之上。尽管"不因为性向就轻言放弃"这一概念背后的经历和心情,造就了他们在进行音乐活动、偶像活动时的态度,让粉丝和观众深受吸引,但这绝不意味着这份魅力是源于他们的同性恋身份。但另一方面,正因为他们明确表示不是异性恋,也会让人生出期待,心想或许他们能理解观众心中的芥蒂。

他们不唱那些会让人联想起偶像和粉丝间"假想恋爱"的情歌,服饰妆容和舞蹈表演既不依赖传统的女性气质/男性气质,但也不过分中性,"虽然是男性"[2],

却会出演只有女偶像参加的演出活动，看上去就像是破坏"理所当然"的枷锁的英雄。再加上社会属性各异的观众共同沉浸在音乐中的那幅光景，他们的表演现场属实令人印象深刻。[3]

偶像或歌手表明自身的性取向，这在日本还是比较少见的。二丁魁的音乐活动很自然地凸显出了传统偶像文化一直以来固守的异性恋主义制度的异常之处。但是，偶像只能通过公开性取向来消除这种芥蒂吗？听众在聆听他们的音乐时，心头涌上的那份希望和疑问究竟通向何方？与此同时，我们应该从二丁目之魁 Coming Out 的过往和前路中看到些什么？本章中，我想要一边确认我们当前所处的位置，一边从"酷儿"（Queer）视角探讨偶像和性别、性取向之间的关系。[4]

另外，本章中使用"女偶像""男偶像"这样的称呼，是因为日本国内习惯于根据各个艺人出生时被指定的性别来对艺人进行分类，尤其是在有多名艺人出演的拼盘演出或音乐节等音乐活动及音像制品店里，按性别分类是标准做法。

2 作为"异性"的偶像

对偶像来说,恋爱是必须避开的东西。近年来,"禁止恋爱"已经成为一种潜规则,有时候人们提起这个词还会加上很多夸张色彩。有人认为,偶像对观众来说是"假想恋爱"的对象,身为观众假想恋人的偶像如果有着观众以外的恋人,就会妨碍到"假想恋爱"这出戏。还有人认为,如果偶像沉迷恋爱甚于本职工作的话,观众应援的心情就会减弱,所以偶像不恋爱是敬业的象征。[5]

然而,说到底,作为歌手的偶像真的有必要加上"假想恋爱"的设定吗?迄今为止,我们一直把偶像的"禁止恋爱"当作理所当然,是不是应该对此重新审视一下呢?与恋爱相关的规范伴随着偶像业一成不变的条条框框,是否把偶像文化困锁在一个小盒子里了呢?艾德丽安·里奇[*]在《强制性异性恋和女同性恋的存在》一文中提出了"强制性异性恋"(Compulsory Heterosexuality)

---

[*] 艾德丽安·里奇(Adrienne Rich, 1929—2012),美国诗人、散文家、女性主义者,20世纪下半叶最有影响力的诗人之一,代表诗集有《沉入残骸》(1973)等。她提出的"强制性异性恋""女同性恋连续体"等概念对女性主义批评有重要影响。

的概念,即是说,把异性恋视为"正常的""先天的"性取向的异性恋主义,是在社会内部强制推行的。里奇强烈批判说"作为一种制度的异性恋"应该重新受到审视[6],不过这句话是不是也适用于偶像文化中包含的那些先决价值观呢?

偶像为什么会被凝视自己的粉丝当成"恋爱"对象?一般认为,大众开始用"偶像"来称呼某些歌手和艺人是在20世纪70年代[7],但是小川博司*指出,偶像和粉丝的关系存在一个变化的过程,起初两者之间是垂直关系(纵向),就如同人们当初对电影明星的崇拜,但后来倾斜角度逐渐缩小,最终变成了水平关系(横向)。[8]也就是说,横向的邻家感变成了偶像的必备要素。此外,滨野智史†也说过,以"可以见面的偶像"为概念的AKB48,其特点就是和粉丝很"贴近",并从"贴近性"的角度分析了"作为假想恋爱对象的AKB48"。[9]

但是需要注意的是,虽然现在人们在相关讨论中谈起"假想恋爱"都是一副理所当然的样子,但背后其实

---

* 小川博司(1952—),日本社会学者,主要研究媒体文化论、音乐社会学,曾任日本流行音乐学会会长,著有《媒体时代的音乐与社会》(1993)等。

† 滨野智史(1980—),日本社会学者、评论家,同时也是知名的偶像宅,著有《前田敦子已超越基督——作为宗教的AKB48》。

有一个极为单纯的理由，即最早的偶像粉丝大多是"异性"。[10] 稻增龙夫*曾分析过，在20世纪90年代后期，偶像的歌词内容开始从"爱异性"转向"爱自己"，他认为首要原因就是粉丝群体中同性占比越来越高。[11] 稻增将SPEED越来越受女粉丝支持的现象，与作为偶像文化"立足之本"的"异性恋代偿"（和假想恋爱是一个意思）的松动迹象联系起来，并指出这是因为"女性意识到'恋爱对幻想[†]'的陷阱令她们被迫放弃自我，于是她们开始走上不依赖男性的'自我探索'之旅"。[12] 换言之，这段话中描述的是女粉丝作为主体不再追求恋爱，拆解了过去在男性主导的社会中存在的幻想。

异性恋主义将异性恋当作规范，从这种角度就很难解释"同性"粉丝的存在，人们有时会将"同性"粉丝视作异端和特例，又或是数量稀少而不值一提的东西。香月孝史曾提到媒体对待乃木坂46女粉丝的方式，批评异性恋主义把她们看作异端。"'只有异性才会成为偶像的粉丝'这一观念源于一种想法，即认为偶像这门职

---

* 稻增龙夫（1952— ），日本社会学者、心理学者，在现代社会心理学和媒体研究领域享有盛誉，尤其在偶像、J-POP（日本流行音乐）研究领域，常被视作学术先驱。
† "对幻想"是日本思想家吉本隆明提出的概念，指的是发生在两人之间、通常伴随性要素的幻想。

业无非是男女之情的载体。"[13] 此外，研究偶像劳动和粉丝社群的竹田惠子指出，现场偶像[*]持续扮演着单身男性的基础设施一样的角色。[14] 现场偶像的粉丝中应该也不乏女性，但由于"九成以上都是男性，且没有配偶"，结果女粉丝的存在被当成异常值，从论述中消失了。

只有同性粉丝才会被人揣测为什么会成为粉丝，异性粉丝则会被毫无顾忌地套上"假想恋爱"的说法。与此同时，作为表演方的偶像也被人们牢牢假定为异性恋。秋元康[†]在和宇多丸的对谈中曾说："我告诉AKB里的年轻女孩，'当你喜欢上某个人的时候，你要想想，如果那个人是同性的话，你还会喜欢对方吗？'。"[15] 以此来解释歌词中核心的恋爱论。这个询问的本来意图是，通过把喜欢的人置换成非恋爱对象的性别，让偶像思考恋爱中什么才是重要的，同时引导她们理解歌词，但显然，这一切的前提是秋元康把AKB成员的恋爱对象认定为了异性。通过天真地把异性恋主义当作前提，偶像的"立足之本"就这么被建立起来了。

偶像一方面像这样被人以异性恋中心主义的方式妄

---

[*] 即 Live Idol，指的是专注在小型演出场地进行近距离表演的偶像，也被称为地下偶像。

[†] AKB48 等偶像组合的制作人。

下判定，另一方面也参与了异性恋规范的再生产，究竟有没有可能将这两者剥离呢？我们能否借助像同性粉丝那样打破异性恋规范的偶像的力量，对现状进行反思和分析？让我们以"二丁魁"为例展开思考吧。

3 作为追随者/对抗者的男同偶像

二丁目之魁 Coming Out（最早叫二丁早安）作为组合迈出的第一步，是 2011 年 4 月 2 日出演卫星电视平台"SKY PerfecTV! HD"下"PigooHD"频道（后来成了偶像专属频道 Pigoo）的综艺节目《Up Front Girls》（制作：TSUKUBA TV）。面对节目的主咖，早安家族研修生组织"Hello! Pro EGG"出身的组合"Up Front Girls（暂定名）"［后来更名为 Up Up Girls（暂定名）］，自称"超喜欢早安家族、来自新宿二丁目的偶像舞蹈团"[16]，向前者发起舞蹈对决，并以此为契机开始同时在电视节目和现场演出活动中登场。之后，在 2011 年 5 月 1 日 Up Front Girls（暂定名）的首次现场演出中，当时的五名成员 MIKITY HONMONO、YAJIKUMA、CHANCHAN、NORIPI～、MOMOE（百惠）参加了表演。

这一天就成了二丁早安的成立日。[17]成立前后的日子里，他们的主要活动是作为"舞者"在新宿二丁目俱乐部举办的DJ活动上展示翻跳表演，但后来他们逐渐作为"偶像"拓宽了自身演艺活动的范围。

2014年8月他们成功登上大型偶像音乐节"@JAM EXPO"，表演形式也渐渐从翻跳变为唱跳。2015年6月他们发表了首支原创歌曲《井底之蛙不知海洋之大～青蛙之歌～》[作曲：ISAKICK（175R）、作词：MIKITY HONMONO]。再往后他们原创曲的比重越来越高，现在已经有四十多首。所有这些原创曲的作词和编舞都由MIKITY一手操办。2017年5月1日，组合定下MIKITY、PEI、KIMARU MOKKORI、SHIRATORI HAKUCHOU（白鸟白鸟）的四人阵容，并改名"二丁目之魁Coming Out"，之后又经过成员更替，2020年10月在MIKITY、PEI的基础上加入FUDEMURA EISHIN（笔村荣心）和HIGAKURENAI，形成现在的阵容。[18]

我们可以看到，这一系列以MIKITY为中心的自主制作活动，是在他们憧憬女偶像、直面传统女偶像形象和自我之间差距的过程中诞生的。MIKITY说自己过去参加过早安少女的甄选活动[19]，但男性想要做女偶像，首先面临的困难就是不符合报名规则中对"性别"的要求。像前面说过的那样，偶像不仅倾向于按照性别划分，还会积极采用基于性别偏见的表演方式。作为表演者，一旦选择了偶像这种表现形式，性别这一社会属性就会在各种各样的场合成为基准。以前，KIMARU说过"虽然我看过很多女偶像和男偶像，但我憧憬的偶像和我的性别总有不一致的地方"，白鸟也说过"由于各种复杂的因素，我们理想中的偶像形象是我们自己所无法实现的。不管是女偶像那样的闪耀，还是男偶像那样的闪耀，对我们来说，都是可望而不可即"。[20] 可见，不止一名成员感到，由于性别限制，自己心目中憧憬的偶像形象和社会眼中的自己注定无法统一。

二丁目之魁 Coming Out 以"作为女偶像登台"为目标，成立前后和早安家族的成员一起出演电视节目、翻唱早安家族的歌曲，之后也和女偶像同场竞技，以偶像身份持续开展音乐活动和演艺活动，从上述这些表现来看，二丁魁可以说是追随着女偶像诞生并存在的偶像。而且，虽然他们是追随者，但他们并未单纯效仿女偶像去演绎"异性"形象，事实上，他们创造出的视觉效果令人感到既新奇又怪异。

说到底，他们只是在直面了自己过去的不甘后，选择喊出"男同也能做偶像"的口号，通过做偶像来实现抵抗。这种抵抗既是针对他者的目光，也是针对社会的压力。他者的目光促使同性恋者放弃恋爱、成家（结婚生子）的可能，让他们不敢公开性取向和恋爱取向，社会压力迫使同性恋者在求学和择业等场合中放弃自己许多的愿望和志向，其中也包括成为偶像的梦想。

不过，可以说正是在偶像这一领域中，因为性取向而一度放弃的梦想，有了打着"男同偶像"的旗号实现的可能。关于前面提到的初次登台，MIKITY回忆道，"虽然我非常憧憬做偶像，但因为是男同所以放弃了，即便听到'性取向是个性'这样的话也毫无感觉。但是第一次站上舞台时，我看见即便我不隐瞒自己的同性恋身份，也有那么多粉丝为我叫好，我感到'或许也有正因为是同性恋才能做到的事'"。[21] 同性恋也许可以做偶像——MIKITY隐约注意到了这一点，于是将同性恋不能做偶像的失意，转换成了"同性恋什么都能做！"[22]的念头。我觉得MIKITY的这一实践，一方面可以看成是对现有文化的挑战，但另一方面，或许正是在传统的习惯中，这种尝试才成为可能。[23]

4 异性恋主义和男同偶像

接下来让我们思考一下，作为男同偶像的他们登上女偶像的舞台这件事，究竟是不是有助于消除偶像界的性别规范呢？虽然女偶像一直被要求是"女性"，但在2022年的现在，背景和经过暂且不论，有一支仅由男性成员构成的组合加入了女偶像的行列，并被观众所接纳，这应该可以看作是一种变化吧。然而，如果观众因为他们是同性恋者才接纳了他们，那么偶像这种表演形式一直以来拘泥的性别概念未免也太暧昧不清了。观众似乎认为"性取向"（Sexual Orientation）决定了"性别"，换句话说，如果是性少数群体的话，"性别"就是模糊的，不适用于异性恋规范中的"男性"或"女性"——在我看来这种判断似乎有些欠考虑。而如果他们被宽容接受，是因为他们不会触犯到基于异性恋主义偏见的偶像禁忌，像是男女接近就意味着恋爱关系，那么这反映出的是粉丝复杂而扭曲的心理结构，即一边武断地认定偶像是异性恋，一边在爱情和婚姻问题上对偶像横加干涉。

这里需要注意的是，允许二丁目之魁Coming Out和女偶像站在同一个舞台上这种做法，也有着利于"禁止恋爱"运作的方面。因为是男同,所以不会和女偶像发展成恋爱关系,基于他者的这种认定,二丁魁才得以和女偶像在同一个领域活动。吉田豪*在谈论音乐二人组 PANDA 1/2 的时候,提到了担任作曲的成员是男同性恋的事,他说,"女生加男同,还有比这更和平的组合吗?绝对不会出问题,所以可以放心支持"[24]。正是在异性恋主义的作用下,"男同"和"女生"能"和平"相处的幻想才得以成立,在这种意义上,二丁目之魁 Coming Out 也是异性恋主义的偶像文化中的一部分。

说起"禁止恋爱",其背后存在一些刻板观念,比如偶像的交往对象当然只能是异性,粉丝基本都是异性恋的异性,且怀着恋爱之情在支持偶像。作为表演者的偶像和特定粉丝进行私下联系的行为,通常是被明文禁止的,而当这种"私联"行为曝光时,根据对象是异性粉丝还是同性粉丝,批判的焦点会截然不同。是异性的话,会让人联想起亲密的恋爱关系,与之相对,如果是同性,就会被怀疑这个粉丝是不是在给偶像介绍异性,偶像会不会把未公开的行程偷偷告诉粉丝等。换句话说,和同性粉丝之间的亲密关系不会被当成绯闻受人攻击,

---

* 吉田豪(1970—),日本书评人、撰稿人,以采访前会对受访者进行彻底调查的专业态度而闻名,出版有采访集《前偶像!》《前偶像! 2》。

这是我过去亲眼见识过的。

这种因为只关心异性恋爱而导致的宽容，在成员之间公开恋爱关系的事例中也能见到。fairy ♡ larme 是一支在静冈县活动的女子偶像组合，但官方宣布有两名成员正在交往。或许也有当着本人的面所以发言相对收敛的因素在，总之 Twitter 上粉丝对这则"公告"的反应，绝大多数都是善意的。虽然也有一些评论对偶像恋爱和公开交往表示不满，但这只是极少数。也就是说，偶像的"禁止恋爱"并非不管交往对象的性别和性取向如何，无差别排斥一切恋情，说到底还是以异性恋为基准，对于异性恋以外的情感关系可能抱有一种扭曲的宽容态度。这也意味着，粉丝只在乎偶像是不是异性恋，对其他性取向则漠不关心（不过另一方面我们不能忽略，粉丝能够积极接受两人的关系，也可能是因为粉丝一路走来已经见证了成员之间的情谊）。

5 对性别认同漠不关心

当涉及性别认同时，这种漠不关心也同样存在。2020 年 6 月，二丁目之魁 Coming Out 中的一名成员白鸟白鸟宣布离开组合，公告内容如下：

> 致一直以来支持我的各位
>
> 我是白鸟白鸟。
>
> 有件事要告诉大家。我作为二丁目之魁 Coming Out 白鸟白鸟的活动将画下句号。
>
> 很抱歉突然宣布这样的消息，惊扰各位了。
>
> 为什么突然说要退团？也许有人会这么想，但对我来说这并不是冲动之下的决定。
>
> 请容我细细讲述，也感谢各位的阅读。
>
> 首先我想说的是，我有性别认同障碍（*）。
>
> 性别认同障碍是一种状态，也是一种感觉，即与生俱来的男性或女性的身体特征，与自己头脑和内心中认为的真实性别不一致。
>
> （*我知道，不同人对于性别认同障碍有不同的感受，在这里就不展开了，只讲我自己的体验。）[25]

这则消息或许能在粉丝心中激起一些波澜，让大家重新思考偶像活动、相关文化，以及享受偶像活动时必须遵循的性别规范。"公告"中接下来是这么说的：

> 在公开同性恋身份活动的过程中，"我真的是作为男性在喜欢男性吗？"这样的疑问在我心中不停打转。
>
> 自从意识到这一点后，世人对我的印象、粉丝对我的想象，以及我真实的形象，这三者逐渐变得无法拼合。
>
> 在之后的活动中，虽然没有什么重大契机，但是不知不觉中，我越来越强烈地意识到我自己的性别认同并不是男性。
>
> 从那时起，这块巨石就一直压在我的心头。虽然我努力支撑，但水坝总有决堤的一天，我发现我无法再继续扮演"白鸟白鸟"的角色了。[26]

志保（白鸟白鸟的本名）表示自己很难再维持男同性恋偶像"白鸟白鸟"的人设，其中也能窥见偶像扮演偶像角色的负担。偶像这一娱乐形式中，表演者的存在通常是不可见的,表面上层层叠加的多重形象让偶像富有魅力。但这种魅力同时也会造成偶像本人的消耗。偶像的身体是有限的,但由于人们的目光总是聚焦在偶像的表面形象上,背后那个有限的、被消耗的身体就变得越来越难以被看见。这种偏离会无情地侵蚀表演者的身体。而从志保的情况能够看出,以"男性"身份扮演女偶像可能要接受更沉重的审视。

为什么女偶像不能有"男朋友"呢?有"女朋友"就没事了吗?说到底,所有女偶像都是"女性"吗?"男"偶像呢?人们究竟是根据什么在判断眼前这名偶像的性别呢?在偶像的世界中,性别和性取向被人利用,并由他人擅自决定,这是不是也相当于一种漠视呢?没想到,随着白鸟退出组合,二丁目之魁 Coming Out 成为向异性恋和性别认同投去疑问的存在。MIKITY 透露,他曾考虑过放弃"男同偶像"的招牌,以便白鸟可以继续作为成员活动下去。虽然没有明说,但可以看出 MIKITY 认为性别认同和性取向不应成为做偶像的阻碍,对没有放弃偶像梦的 MIKITY 来说,这应该是他发自内心的想法吧。

6 偶像与性别、性取向

无论是制作方还是消费者，都对偶像的性取向和性别漠不关心，这种态度加重了表演者身上的负担。就偶像这一表现形式来说，表演者究竟是谁，在粉丝眼里是十分重要的。对此我自己也深有体会。在个人层面上，我并不在乎作为我性爱对象的人拥有怎样的性别或性取向。但这并不意味着，不管志保是同性恋还是异性恋、是女人还是男人（很抱歉采用了相当二元化的说法），我都会喜欢她。事实上，对志保来说，女性是她的性别认同。如果粉丝告诉她，自己"喜欢"她，"不在乎"她是男是女，这样的说法至少在我看来并不合适。虽然确实存在不管对方的性别认同是什么，只是单纯喜欢对方的情感，但这并不等于"是男是女都好""性别无所谓"。因为在对方心中，"是男是女"并非都好，性别也不是"无所谓"的事情。正因为喜欢，才会想要重视对方觉得重要的事情。再者，一个人的性别认同，包括流动性在内，都和本人息息相关，塑造了那个人的样子。虽然有人会说，"我只是喜欢上的人刚好是女性""刚好是男性"，但肯定也有人觉得"因为她是女性我才喜欢""因为他是男性我才喜欢"。虽然"喜欢"二字可以包含各种各样的感情，很难简单说清，但我不想冷眼旁观，放任"无所谓"的态度大行其道。

当然，粉丝也可以只关注和享受偶像表演的表面。没必要把作品、表演和表演者本人过度联系在一起。但是，如今人们已经习惯把欣赏偶像的个人魅力看成是追星乐趣的一种，从表演者的角度来看，观众如何享受这种乐趣并不在他们的控制范围之内。观众冷漠的目光会不断消耗偶像的身体。一旦观众期待的形象和真实的自己之间产生了差距，偶像便很难心无旁骛地继续表演下去吧。

不过，偶像表演也可能成为表演者本人的救赎。志保在前文的公告中还写道："我一直憧憬着成为偶像，能够以独一无二的'男同'身份登台表演，给我带来了巨大的希望。"一方面，正因为是偶像，所以当观众投来的关注和期待与自身想做的偶像不一致时，心中会产生违和感；但另一方面，也正因为是偶像，才有机会直面包裹着多重身份的自己。或许也是这点，让MIKITY当初萌生出"男同也能做偶像"的想法吧。

男性能成为女偶像，女性也能成为男偶像吗？我觉得完全可以。在现在的偶像界，已经能见到一些异装打扮的偶像、拥有"男"成员的"女子"偶像组合和拥有"女"

成员的"男子"偶像组合，而且这样的例子还在不断增加。[27] 不过要注意，这种时候，不了解表演者的性别认同和性取向，或是凭刻板印象去定义粉丝对偶像的喜爱，对偶像和粉丝都可能造成身心负担。这既考验制作方和受众，也考验和偶像有关的每一个人的关怀和想象力。[28]

正如二丁早安成立前后在新宿二丁目作为"舞者"翻跳偶像歌曲一样，女偶像长久以来一直受到日本男同性恋群体的崇拜。[29] 此外，粉丝社群有时候也会成为性少数人群交流的场所。[30] 虽然两者都受到异性恋主义的压迫，但也正因为有这样的共同前提，我们才能从不同角度探讨偶像和酷儿文化的关系。我们有时会想要无视心中芥蒂跟随大流，有时又情愿接受这份痛苦，祈祷着能有所改变。也许什么都不会改变，但至少我自己想把这份对"理所当然"的小小抵抗继续下去。

注释

1 原田イチボ:《LGBT をオープンにするアイドルが増加 ファンに勇気与える》，NEWS ポストセブン，2020 年 7 月 26 日（https://www. news-postseven.com/archives/20200726_1581077.html）[2022 年 3 月 17 日阅览]。

2 "プロフィール"，"二丁目の魁カミングアウト" 公式ウェブサイト（https : //www.gayidol.jp/contents/menu/1780）[2022 年 3 月 17 日阅览]。

3 关于二丁目之魁 Coming Out 的粉丝，MIKITY 说过如下的话，并表示不打算仅根据观众的外表来判断他们的性别。"——第一次看二丁魁的演出时，我发现和其他女偶像相比，你们的女粉丝特别多，这让我很惊讶。/ MIKITY HONMONO : 现在办专场演出的话，男女比例大概是三七开？有时候我会看到别人在 Twitter 上发文说'男的还是别去了吧'，但我们是同性恋偶像，其实不太会注意观众的性别。观众中可能也有像我们这样的人，我们不会仅仅根据外表来判断是男性多还是女性多。"（原田イチボ:《二丁目の魁カミングアウトは "ゲイでもアイドルになれる" を全力で証明する……Zepp 公演直前の 4 人に直撃!》，《耳マン》，2019 年 7 月 11 日[https://33man.jp/article/007248.html][2022 年 3 月 17 日阅览]）。

4 "酷儿"这个词及其用法在历史和斗争过程中经历过演变，因此我们不应该轻易使用该词。本章从正面意义使用"酷儿"一词以指代"性少数群体所包含的各种身份的总称"，因为它"比 LGBT 更具包容性"（菊地夏野、堀江有里、飯野由里子编著:《クィア・スタディーズをひらく 1 アイデンティティ，コミュニティ，スペース》，晃洋書房，2019，第 3 页）。此外，本章还采用了酷儿研究中对"酷儿"一词的用法，指"一种批判性视角，该视角质疑那些只将某些性的存在方式视为'正常'，而将其他方式视作'离经叛道'，将之他者化的想法"（同上第 5 页）。

5 香月孝史:《"アイドル"の読み方——混乱する"語り"を問う》（青弓社ライブラリー），青弓社，2014，第 188—191 页。

6 Adrienne Cecile Rich, "Compulsory Heterosexuality and Lesbian Existence", *Blood, Bread, and Poetry: Selected Prose 1979-1985*,

W.W. Norton & Company, Inc. 1986 (= アドリエンヌ・リッチ:《強制的異性愛とレズビアン存在》,《血、パン、詩。——アドリエンヌ・リッチ女性論》,大島かおり译,晶文社,1989,第53—119頁)。

7　小川博司:《メディア時代の音楽と社会》,音楽之友社,1993,第80頁。中森明夫:《アイドルにっぽん》,新潮社,2007,第10頁。太田省一:《アイドル進化論——南沙織から初音ミク、AKB48まで》(双書zero),筑摩書房,2011,第23頁。

8　小川博司:《メディア時代の音楽と社会》,音楽之友社,1993,第78—82頁。

9　濱野智史:《前田敦子はキリストを超えた——"宗教"としてのAKB48》(ちくま新書),筑摩書房,2012,第138—139頁。在这里,濱野用粉丝和偶像恋爱的不可能,来论证AKB48作为恋爱对象的"假想"性。"几乎百分百不可能真的和成员恋爱,更不可能和她们结婚生子"(同上第141頁)。尽管偶像和粉丝之间未必完全不可能恋爱,但极低的可能性让"假想恋爱"的系统得以成立,"使人们能够获得无限接近浪漫爱情理念的体验,如'不可能的爱'和'永恒的爱'"(同上第143頁)。

10　稲増龍夫:《アイドル工学》,筑摩書房,1989,第204頁。

11　根据在学生中进行的对SPEED的相关调查,以及纪录片制作过程中对粉丝的采访,稲増分析指出,偶像音乐不仅限于恋爱(即"爱异性"),她们也歌唱"爱自己",粉丝的目光似乎也从类似恋爱的情感,向着憧憬、自我投射和同一化转变。此外稲増还指出,这一现象的背后包含着社会中女性形象的变化,特别是男性主导的社会中"物语"("恋爱幻想"、"成长幻想"和"公司幻想")的解体,这些反过来又影响了偶像所唱的歌词和听众的目光。稲增龍夫:《SPEEDにみるアイドル現象の変容——"異性愛"から"自己愛"へ》,北川純子编《鳴り響く"性"——日本のポピュラー音楽とジェンダー》,勁草書房,1999,第176頁。

12　同上第158頁。

13　香月孝史:《乃木坂46のドラマトゥルギー——演じる身体/フィクション/静かな成熟》,青弓社,2020,第124頁。

14　竹田恵子:《ライブアイドル、共同体、ファン文化——アイドルの労働とファン・コミュニティ》,田中東子、山本敦久、安藤丈将编著,川端浩平、二宮雅也、川村覚文、栢木清吾、竹田恵子《出来事から学ぶカルチュラル・スタディーズ》，ナカニシヤ出版，2017，第118页。

15 宇多丸：《ライムスター宇多丸のマブ論 CLASSICS——アイドルソング時評 2000—2008》(知恵の森文庫)，光文社，2017，第516页。

16 《ハロプロエッグ卒業生6人による初冠番組がスタート！》，GirlsNews，2011年3月28日更新（https://girlsnews.tv/dvd/17631）[2022年3月17日阅览]。後藤純一：《ゲイとアイドルの素敵な関係》，All About，2013年8月13日（https://allabout.co.jp/gm/gc/424946/）[2022年3月17日阅览]。

17 "2011年3月因节目企划成立的组合。／其实最开始是 MIKITY HONMONO、NORIPI～、YAJIKUMA 三人参与了节目录制。／不久就发生了东日本大震灾。／5月，MOMOE、CHANCHAN 加入了，所以现在才能以五人阵容站在舞台上。／初次登台是参加 Up Up Girls（暂定名）首次在会馆举行的活动！！！／在挤满观众的现场和她们进行了舞蹈比拼。／这次的活动后来还出了 DVD（！）／这就是二丁早安的开始！"（"にちょしょーかい！？"，ゲイアイドル二丁ハロオフィシャルブログ "ゲイでもアイドルになれる！" 2012年10月7日更新〔https://ameblo.jp/nichohalo/entry-11373181715.html〕[2022年3月17日阅览]）。

18 据称，改名后的组合名 "表达了希望成为新宿二丁目第一个 Coming Out（出柜）的'男同偶像'的愿望"，"Coming Out" 这个词并没有寄托什么政治上的含义（"二丁目の魁カミングアウト" 公式ウェブサイト）。

19 "我一直喜欢女偶像，想成为女偶像，学生时代报名过'早安少女组.'的甄选活动。我那时候很喜欢早安家族"（八木志芳：《インタビュー：二丁目の魁カミングアウト—ゲイでも諦めない、ゲイアイドルが国民的アイドルになるまで》，TimeOut 東京，2019年5月15日〔https://www.timeout.jp/tokyo/ja/music/interview-2tyoumenosakigakecomingout〕[2022年3月17日阅览]）。

20 南波一海：《二丁目の魁カミングアウトインタビュー ゲイアイドルが念願の中野サンプラザへ！ 変わらぬ気持ちで歩んだ苦節の日々》，音楽ナタリー，2019年10月24日（https://natalie.mu/music/pp/nichogake/）[2022年3月17日阅览]。

21 《二丁目の魁カミングアウトは "ゲイでもアイドルになれる" を全

力で証明する……Zepp公演直前の4人に直撃!》。
22 ミキティー本物:《ゲイだって何にでもなれる!》,ゲイアイドル二丁ハロオフィシャルブログ"ゲイでもアイドルになれる!",2013年4月29日(https://ameblo.jp/nichohalo/entry-11520642165.html)[2022年3月17日阅览]。
23 另一方面,MIKITY 在提到来自观众的批评时,也表达了他对自己以性少数群体身份登上舞台的"歉意"。"有人对我们竖中指,有人离开会场,但我并不恨他们。这是一个以女偶像为中心的活动,有些人不喜欢我们这些外表是男性的人上台,这也是没办法的事。相反,我感到很抱歉"(《二丁目の魁カミングアウトは"ゲイでもアイドルになれる"を全力で証明する……Zepp公演直前の4人に直撃!》)。
24 同注释15第554页。
25 《"白鳥白鳥"グループでの活動終了に関するお知らせ》,"二丁目の魁カミングアウト"公式ウェブサイト,2020年6月29日更新(https://www.gayidol.jp/contents/6657)[2022年3月17日阅览]。
26 同上。
27 关于异装和偶像,我有另一篇文章将于近日发表。"男女混合"组合中,已经解散的有清龙人25、Dream5、Happy Dance、DESURABBITS、LADYBABY、苗壮健康俱乐部等,仍在活动中的有青春学园、KUPIPO、电影与少年CQ、NaNoMoRaL、Planck Stars、Monoclone(现在成员已变更)、ONE BY ONE(现在成员已变更)等。
28 2022年4月1日,乃木坂46的成员在Instagram上发布的"愚人节"帖子引起争议,被认为是在炒作酷儿身份(Queerbaiting)*。然而,希望大家不要忘了,绝大多数的指责都擅自认定两名偶像是异性恋、顺性别者。诚然,很难说当事人的SOGI(性取向/性别认同)会改变事件本身的对错,但这可以说是最能凸显人们对偶像的无意识偏见的事例之一。

---

* 具体情况是,乃木坂46成员秋元真夏发布了和另一名成员生田绘梨花的合照(照片中生田绘梨花身穿白色礼服,两人手挽着手),并配文"我和好友生田绘梨花举行了婚礼",还加上了"愚人节"的标签。

29 後藤純一:《ゲイとアイドルの素敵な関係》,All About,2013 年 8 月 13 日 (https://allabout.co.jp/gm/gc/424946/) [2022 年 3 月 17 日阅览]。
30 中村香住:《"女が女を推す"ことを介してつながる女ヲタコミュニティ》,《ユリイカ》,青土社,2020 年 9 月号,第 254—256 页。

[附记] 本章部分内容基于作者在 2021 年发表的文章《偶像音乐实践与强制性异性恋——"二丁目之魁 Coming Out"所唱的"爱"究竟是什么?》(《アイドル音楽の実践と強制的異性愛——"二丁目の魁カミングアウト"が歌う"愛"とは何か》,日本ポピュラー音楽学会編集委員会編《ポピュラー音楽研究》第 25 号,日本ポピュラー音楽学会),并做了进一步的补充和修正。

第七章

解读"偶像"的框架是如何"动摇"的

田岛悠来

写在前面

在和朋友的日常闲聊中,你有没有被问到过"喜欢的偶像(或者明星)是谁"这样的问题呢?在这种场合下,我们通常会回答"异性偶像"[1]的名字。有时候是脱口而出,也有时候是有意为之,因为读懂了潜台词,意识到"这里必须回答异性偶像啊"(哪怕我们另外还有喜欢的同性"偶像"!)。不管是哪种情况,从这个对话的例子能够看出,解读"偶像"时使用怎样的框架才是恰当的,这件事早已内化于我们心中。换句话说,这意味着将"偶像"作为理想的异性和恋爱对象来看待的解读方式,已经成为社会的主导框架。

像这样的框架，反映了社会中大多数人的想法和价值观，并在不知不觉间，成为一种"理所当然"的东西。耳濡目染下，人们在不去考虑对错的情况下，对这一框架予以再生产和强化。比如此处对话双方对"偶像"的解读，背后其实就受到社会中恋爱至上主义和异性恋规范的影响。

这样一来，"偶像"就不光是"有名的媒体形象"，或是风靡一时的潮流和流行现象，而是描绘了社会现状及人际交流的一种文化。思考"偶像"，也就意味着思考"偶像"所处的社会。

本章旨在探讨，人们在解读"偶像"一词所指的形象及偶像与粉丝的关系时，使用的框架是如何演变的，并重点关注了从偶像文化的黎明期到2010年前后这段时间的历史变迁。首先，我将总结过去相关研究中的常见论点，随后主要从性别/性向的角度，重新思考媒体空间和媒体话语中呈现的"偶像"是何种模样。

1 作为假想恋爱对象的"偶像"

回顾"偶像"的历史我们会发现，偶像形象的演变中，有一个重要因素是媒体霸权从电影转向电视。其结果就是，过去电影时代遥不可及、受人崇拜的"明星"，摇身一变成了电视上像同班同学一样亲切的"偶像"。[2]特别是在20世纪70年代，彩色电视走进千家万户，音乐节目受到年轻一代的追捧。与此同时，《明星诞生！》(日本电视台系)等选秀节目开始播放，从节目中走出了大量和观众同龄的歌手，偶像杂志《明星》(集英社)和《平凡》(平凡出版)用大量版面报道这些歌手生活化的一面，获得巨大成功。这一时期，媒体环境逐渐接受了"偶像=歌手"的概念。

一方面，观众将这些不管是年龄上还是精神层面上都和自己相近的"偶像"看作是媒体空间中的"假想朋友"。另一方面，随着电视对"视觉"要素的愈发重视，观众看待偶像的方式也起了变化。小川博司评论说，经由暴露在观众的视线中，"偶像"歌手的身体从引起共鸣的对象变成了异性性欲的对象。[3]此外他还指出，"偶像"演唱的歌曲("偶像歌谣")，其特征之一就是歌词内容几乎都以恋爱为主题。

辻泉[*]在对20世纪90年代以后"杰尼斯"[†]女粉丝的一系列研究[4]中，考察了粉丝特有的"同担拒否"（又称回避）现象——粉丝通过刻意避开和"同担"（指喜欢同一个"杰尼斯"成员的粉丝）接触，将其他扰人的竞争对手予以排除，一切以"担当"（指喜欢的"杰尼斯"成员）和自己（粉丝）间的私人关系为重。他还指出，这种做法背后是对偶像的假想恋爱情感和恋爱至上主义在作祟。另一方面，辻也关注了2000年以后的粉丝倾向，他发现2000年以后"同担拒否"产生了微妙的变化，粉丝似乎不再扮演假想恋爱的"当事人"，而是退后一步以"观察者"或"旁观者"的身份，享受和其他粉丝的交流，并欣赏"杰尼斯"成员之间的亲密关系。[5]

　　至于支持女偶像的男粉丝，根据难波功士[‡]的研究，经历了以下变迁。"亲卫队"出现于20世纪70年代，

---

[*] 辻泉（1976— ），日本社会学者，主要研究文化社会学、媒体论，以民族志式的调查方法长期研究粉丝文化。

[†] 指杰尼斯事务所旗下的男偶像们。杰尼斯事务所曾打造出SMAP、岚等知名偶像男团，在日本的男子偶像界具有高度统治力。2023年，杰尼斯事务所承认已故创始人杰尼·喜多川长年对旗下男偶像实施性侵。

[‡] 难波功士（1961— ），日本社会学者，主要研究媒体文化论、广告社会史和文化社会学，著有《族的系谱学——青年亚文化的战后史》（2011）等。

到80年代规模壮大，成为一大势力。他们在管理方式上重视组织的规矩规章和男人间的上下级关系，是带有"不良少年"色彩的团体。而到了90年代以后，随着亲卫队日渐衰退，"乖乖仔"成为粉丝群体中的主流，并出现多个分支。2000年以后，持个人主义态度、与他人联系薄弱、热衷打"Wota艺"*的宅男开始当道。其中也有"愚连"†式的粉丝继承了亲卫队"堪称纯情的笨拙应援"风格，他们不以假想恋爱（异性恋）的眼光看待偶像，而是将偶像当作崇拜对象，用真挚的目光注视着"偶像"。6

太田省一‡以女偶像的引退和毕业为侧重点回顾了偶像的历史。他在触及男女"偶像"之间的性别不平等问题的同时，也总结了不同时代对偶像看法的变化。他认为，在大众眼中，"昭和年代的偶像"更偏重假想恋爱，是只会在青春期迷恋的对象，而"平成年代的偶像"更像是陪伴粉丝一同生活的终身伙伴。7

---

* 又称御宅艺、荧光棒舞，指在偶像演唱会等现场活动中，粉丝以特定方式挥舞荧光棒的应援方式，效果非常炫目。表演"Wota艺"的行为被称为"打'Wota艺'"，表演者又被称为"打师"。

† 泛指不良少年，源自日本战后的不良少年群体"愚连队"。

‡ 太田省一（1960— ），日本社会学者，主要研究电视文化论，著有《偶像进化论——从南纱织到初音未来、AKB48》（2011）。

2 从媒体空间和媒体话语看"偶像/粉丝"的形象

上文已经说过,长久以来,不管是男性还是女性,都习惯于用基于异性恋主义的假想恋爱框架,来解读"偶像"这个词所代表的形象。在前面的讨论中也提到,近年来这种情况正在发生变化。本节将对照实际例证重新审视上述观点,以《明星》等偶像杂志为中心,通过媒体空间和杂志内文中的话语来阐明"偶像/粉丝"的形象。

偶像文化萌芽期的状况

20世纪70年代是偶像文化的萌芽期,老牌杂志《明星》在这一时期实现了飞跃。首先就让我们翻开《明星》,从杂志中一睹当年的景况。

创刊于1952年的《明星》杂志,从1971年开始启用摄影师筱山纪信为杂志拍摄封面,封面和写真页上的企划大量和同时期热播的音乐节目联动,邀请众多偶像歌手亮相,一举从过去的"大众娱乐杂志"转型为"偶像杂志"。到70年代初,《明星》的发行量突破百万册,进入杂志的黄金年代,将此前的竞争对手《平凡》抛在身后。

那么，《明星》杂志里到底刊登了怎样一些文章呢？写真彩页的文章主题大致分为以下四大类：①明星的海外行，②明星去外地或故乡，和当地人或家人交流的样子，③明星公开展示自己的家或房间，④明星的学校生活。说到这些文章的特色，最直观的，就是让读者对"偶像"更容易产生亲近感。由于高中和大学的升学率上升，这个时期《明星》的主要读者，从此前的"工作青年"变成了"在校学生"，正好和杂志中出现的"偶像"处在同样的年龄段。举个例子，1973年11月号上刊登了题为《同级生·樱田淳子 山口百惠》的文章，配图中花之三人组*里的两人身穿水手服在放学路上嬉戏打闹，部分文字内容摘录如下：

百惠：小淳，你第一学期的成绩怎么样？我好多3分……真讨厌啊，明明拼命学习了。不知道能不能升上高中，好担心。

淳子：我也一样呢，我们两个老是早退，这也是没办法的事。不过你看，我音乐是5分，这就够

---

* 1973年，山口百惠、樱田淳子和森昌子在《明星诞生！》节目中出道，三人当时都在念初三，被合称为"花之三人组"。

了吧。毕竟是歌手,要是 3 分的话那真羞死人了。[8]

这段文字描绘了作为"同级生"的两人,虽然对升学感到不安,但仍然互相为同伴鼓励的样子。当读者看到"偶像"像这样吐露日常学校生活中的问题和烦恼,便会产生共鸣,和自己重叠起来。

再说第二个特色,那就是将"偶像"包装成理想的孩子,让读者的父母辈("成年人")也能喜欢。为了庆祝拿到音乐奖带"妈妈"第一次出国旅游,买房子送给家人作为礼物,实现做歌手的梦想后衣锦还乡……这种旧时代的飞黄腾达故事被当作美谈书写。比如,1972 年 1 月号上刊登了一篇关于新御三家之一的野口五郎*的文章,标题为《人人听过我的歌 凭〈青苹果〉大火的野口五郎感动的归乡行》,文中这样写道:

> 从名古屋坐一个半小时的车抵达岐阜的美浓站,已经有大量看到通知的粉丝等在站台……"啊,是阿靖(本名)!""变得有模有样了呢……"等候的人里有美浓小学时代的同级生,有邻居大妈,

---

* 20 世纪 70 年代走红的偶像男歌手,和同年代的乡广美、西城秀树并称"新御三家"。

还有父亲！第二天，后援会公布为小镇制作的吉祥物，校长等镇上的人都赶来了。听到家乡人温暖的声援，五郎用颤抖的声音感激地献上歌曲——他的歌声回荡在奥长良的山谷中。"小心身体嘞""爸爸您偶尔也过来东京吧"，父子二人在离别的站台上互相勉励。[9]

这里，记者编织了一个"怀着歌手梦从乡下来到东京，实现梦想后回到故乡感谢父老乡亲"的故事，通过这样歌颂父慈子孝的文章将"偶像"理想化。

回顾20世纪70年代的《明星》杂志，我们可以看出，在那个年代"偶像＝异性的假想恋爱对象"这一框架还未占据主导地位。同时，这个时期媒体描写偶像的方式，不仅让同年龄的年轻人感到平易近人，也让父母一辈觉得亲切。

性别化的潮流

在经历了20世纪70年代偶像杂志活跃的潮流之后，到了80年代，以发行《明星》杂志的集英社和学习研究社为中心，更多的偶像杂志相继创刊。但是这批杂志和《明星》有一点不同，那就是将目标读者群分得更细了。尽管两者都瞄准正在上学的年轻人，但是《明星》刊登的偶像有男有女，读者也有男有女，而后来的杂志从创刊起就按照"'偶像'加异性读者"的组合分成男女两类（参见表1），有些专门面向男性读者、刊登"女偶像"资讯（下面简称"男性向"），有些专门面向女性读者、刊登"男偶像"资讯（下面简称"女性向"）。虽然某种意义上，这也是杂志细分化、门类化的结果，不过这一变化还和偶像杂志本身大受欢迎，以及80年代的特殊情况有关——当时整个出版业的杂志创刊数量达到巅峰，人称"杂志的时代"。

杂志名	出版社	创刊年月（休刊年份）	目标读者
BOMB	学习研究社	1979年3月	男性向
Momoco	学习研究社	1983年11月（1994年）	男性向
DUNK	集英社	1984年6月（1990年）	男性向
POTATO	学习研究社	1984年9月	女性向
Duet	HOME社	1986年11月	女性向
Wink up	WANI BOOKS	1988年7月	女性向

表1 20世纪80年代创刊的主要偶像杂志

从表1中能看到，"女性向"杂志直到2022年的现在还在发售,但是"男性向"杂志里除了《BOMB》以外都在20世纪90年代前半叶休刊了。这是为什么呢?原因之一是,90年代时主要冲击女偶像的"偶像寒冬"降临了[10]。那段时间,到80年代为止都很红火的歌唱节目纷纷停播,"偶像=歌手"的模式变得难以为继,"尽人皆知的作为歌手的'偶像'"从媒体上销声匿迹。此外,1988年到1989年发生了东京·埼玉连续幼女诱拐杀人事件*,在媒体的渲染下,社会对于有着宅男式兴趣爱好的男性,看法变得越来越刻板和负面,男性不敢轻易说自己是"偶像粉丝","男性向"杂志的消失也和这些情况不无关系。

那么,上述这批杂志都包含哪些内容呢?让我们从现存的四本杂志[《BOMB》、《POTATO》(现两者的出版社都是One Publishing)、《Duet》(集英社)、《Wink up》(WANI BOOKS)]的读者栏(杂志为了和读者进行交流而开设的栏目)入手,看看读者是出于什么目的在购买这些杂志吧。

---

* 又称宫崎勤事件。1988年到1989年,26岁的宫崎勤在东京都和埼玉县先后绑架并猥亵5名女童,女童年龄都在4岁到7岁,其中有4名被杀害。由于媒体在报道中将宫崎勤描写成宅男,日本社会掀起对御宅族的猛烈批判,动漫等相关产业亦受到重创。

在三本"女性向"杂志的读者栏里，读者对异性的关注一直是通过写信、画画等创作来表现的。直至21世纪初，读者栏的主要内容，还是读者对学校中遇到的异性暗诉衷肠，或者表达自己对各种男偶像的喜爱之情。但是到了2005年左右，读者表白的对象开始固定为"杰尼斯"，和"杰尼斯"有关的版面在三本杂志中都占到了大半。也就是说，"异性"从"现实生活中的男性"变成了"媒体上出现的男性"，最后变成了"杰尼斯"。

以《Duet》为例，在与"杰尼斯"有关的许多栏目中，读者会展开想象的翅膀，用写文章、画画的方式描绘和"杰尼斯"在特定情景下发生的故事。其中既有像《白日做梦想听这样的情话》那样幻想恋爱关系的文章，也有《想让那个 Star 穿这件衣服！》《动物塑偶像大图鉴》那样设想让"杰尼斯"穿女装、人偶服，或是把"杰尼斯"比作动物的创作。

此外，2005年以后，读者投稿不管内容如何，往往都会以"我是喜欢～～的～～"（前面填的是"杰尼斯"成员的名字，后面填的是几年级生）这样的自我介绍开头，这在《Wink Up》上尤为常见。

大家好☆我是最喜欢锦户亮君（当时关8的成

员——引用者注）的初中二年级生。（福冈县/亮明忠）(《Wink Up》2009年4月号，WANI BOOKS）

如上所示，"是杰尼斯粉丝"几乎已经成为参加读者栏的默认条件了。

而2010年之后，像《土豆情书》（POTATO）和《哗啦哗啦讯息中心》（Wink Up）这样倾诉对"杰尼斯"狂热情感的栏目变得引人注目。

致山田凉介君（Hey! Say! JUMP的成员——引用者注）我比任何人都要更、更、更喜欢山田凉介君！！（大阪府 噗哟吉）(《POTATO》2012年4月号，学研出版社）

这些读者来信多数都是在表达对偶像的恋爱情感，有的频繁使用爱心符号，有的会像上面的例子那样，冒出"比任何人都要更喜欢"等充满独占欲的话。在"女性向"杂志的读者栏里，我们能看到"杰尼斯"粉丝为了追求和"杰尼斯"的假想关系聚集在一起。到了2005年以后，这里逐渐形成以恋爱为核心的粉丝媒体空间。

另一方面，"男性向"杂志又如何呢？《BOMB》

在创刊时是投稿杂志，但是从第七期，也就是1980年4月号开始，转型成了封面印着女偶像的偶像杂志。因为有这样的出身，所以读者栏在《BOMB》整册中的占比要比"女性向"杂志更高。只不过，创刊之初就有的几个主要栏目里，多数投稿都是男性读者根据自己的性体验编写成的小故事。这些栏目包括《内裤之穴》（1993年完结）、《突击！今晚的撸料》（1995—2001）、《秒射革命》（1996—2001）等，如同栏目名让人联想到的那样，里面全都是和性有关的有趣又奇怪的短文，其中也有谈论性行为的文章（几乎全是自慰行为），看不出有哪个栏目特别鼓励读者聊"偶像"。[11]

之后，到了90年代中期，写真偶像身穿泳装登上封面已经成了常事。2000年之后，开始出现一些和偶像有关的读者栏，比如《偶像一问一答》（2002—2003）、《吐槽110》（2003— ）[12]会刊登读者想问女偶像的问题，《普通宅男》（2005— ）[13]会登载和女偶像有关的心愿或是值得吹嘘的经历。然而总体来说，读者栏的页数和创刊时相比有所减少。

可以看出，"男性向"杂志里，读者关心的更多是性体验和性行为本身。不可否认，杂志中大量图片引导人们关注的不是恋爱关系，而是女偶像的身体，这多少起到了刺激读者性欲的作用。

从上述内容中，我们可以总结出在读者栏这一媒体空间表现形式下，"女性向"和"男性向"两类杂志的差异之处。简单来说，上文如实展现出了相关学者在杂志研究中指出的性别非对称性，即"让男性充满性欲、让女性憧憬恋爱的两性构造"[14]。自从20世纪80年代出现这批杂志以来，偶像杂志从之前的"男女同校"转为像"女校"和"男校"一样按性别划分，内容集中在各自的异性关系上，从中我们可以看到性别化趋势在偶像文化中逐渐增强。"女性向"杂志通过专注"杰尼斯"吸引了一大批狂热的粉丝读者，至今仍维持着一定的发行量，因此和"男性向"杂志不同，没有走向废刊的结局。

作为男性羁绊享受空间的"女性向"杂志

前面已经说过，在"女性向"杂志中，读者（杰尼斯粉丝）追求的是和"杰尼斯"的假想关系，并且这种倾向随着时代推进变得愈发强烈。不过，"女性向"杂志里也能见到男女关系以外的内容。

在上一节中我们聊了80年代创刊的一批杂志，那么早前的《明星》后来怎么样了呢？《明星》在80年代末乘着光GENJI*的人气，发行量突破了历史纪录。此外，80年代到90年代，只看《明星》封面的话，女偶像的身影渐渐消失，自从1991年SMAP作为"杰尼斯"首次单独登上杂志封面后，《明星》开始向以男偶像为主的杂志转型。也就是说，和后来发行的"女性向"杂志一样，《明星》自己也变成了以女性读者，尤其是"杰尼斯"粉丝为目标读者的杂志。然而，从1992年10月号起，《明星》改名为《Myojo》并陷入低迷期。其中一个重要原因是，光GENJI的人气开始走下坡，且之后一段时间内"杰尼斯"没有再推出热门组合。直到90年代中期，杂志封面和内文里"杰尼斯"的登场比例双双激增，《Myojo》靠着"专注杰尼斯相关内容"再度畅销，此后也延续这一定位。

观察2000年以后《Myojo》的读者栏我们能发现，果不其然，《Myojo》也和其他"女性向"杂志一样，开设有让读者能够幻想自己和"杰尼斯"恋爱的栏目。比如，《想让达令用昵称叫我》的栏目中，每期都有不同的"杰尼斯"作为"本月达令"登场，根据名字和兴趣给担任"本

---

* 杰尼斯事务所推出的男子偶像组合，活跃于20世纪80年代末至90年代初。

月甜心"的读者(从寄明信片的读者中事先选出)取昵称。2010年以后,有《公主!今晚约会吧♥》这样的栏目,"杰尼斯"要根据读者的要求构思约会计划。像这样,杂志通过让"杰尼斯"在栏目里扮演读者的理想男友,让读者获得满足感。

不过,将目光投向读者栏以外的同时期的杂志内容,会看到有不少文字着重渲染"杰尼斯"成员间的"兄弟情",也就是"男性之间的羁绊"。比如说,在一篇关于NEWS组合的题为《幸福的二人时光。确认羁绊的对谈三连发》的文章(2008年1月号)里,以成员间两两对谈的形式,描绘了二人之间相互关心、彼此信赖的样子,再次确认双方的"羁绊"。其中,小山庆一郎和手越祐也的对谈部分里,登载了成员自己的评论:"如果手越是女孩的话,想要交往一次试试呢"(小山),"确实我也想和庆酱交往看看呢。感觉会很顺利哦"(手越),从中能感受到二人"亲密的关系"。

2010年之后,把成员之间的关系描写成恋人关系的文章变得更多了。比如,在名为《JUMP♥读者联合庆典》(2011年4月号)的读者栏目里,杂志根据对读者的问卷调查评选出"JUMP最佳情侣",获得第一名的山田凉介和有冈大贵*用半开玩笑的方式，表演了带有"同性恋"要素的互动："为了让山田的目光看向我，我要把一切献给山田！"（有冈），"哈哈哈！好恶～（笑）那么，下次一起去游乐园吧"（山田）。对此，杂志也刊登了相应的"读者之声"："JUMP内的情侣。从两人的评论中能看到爱"（我♡田～山·东京），"两位太神了！以后也要友好相处哦❤"（Sana♪·爱知）。

像这样，杂志在强调成员间"同性社会性关系"[†]（Homosociality）的同时，创造了一个空间，鼓励读者尽情联想这种羁绊背后的"同性恋"关系。[15]

小 结

上文中，我们从偶像杂志这一媒体空间和其中的话语出发，重新审视了塑造"偶像"形象及"偶像—粉丝"关系的基于异性恋主义的假想恋爱框架。从中我们发现了以下几点。

---

* 两人都是杰尼斯事务所旗下组合 Hey! Say! JUMP 的成员。
† 指同性之间不带性色彩的友爱关系，如朋友、师生等，区别于同性恋关系。

首先，20世纪70年代的偶像杂志是聚集了男女双方的媒体空间。在媒体笔下，"偶像"比起假想恋爱的对象，更接近于读者身边志同道合的伙伴，长辈心中理想孩子的幻影。至少在杂志这一媒体上，"偶像"最初并不是一边倒地被当作恋爱对象的。但是，80年代新一批杂志陆续创刊，这批杂志将读者按照性别区分，并针对男女读者使用不同的表现形式，促进了媒体的性别化。特别是在追求异性关系的"女性向"杂志中，假想恋爱的框架走到了台前。之后，以2000年为界，随着"女性向"杂志中的"异性"逐渐变为"杰尼斯"，这一框架也变得越发明显，杂志作为"杰尼斯"女粉丝模拟恋爱空间的色彩变得越来越浓重。另一方面，杂志不仅关注读者和"杰尼斯"的关系，也关注"杰尼斯"成员之间的关系，我们能看到杂志中的一些言论鼓励读者从"同性恋关系"和"同性社会性关系"相结合的角度来看待"杰尼斯"。

斯图亚特·霍尔[*]在谈到媒体信息的多样解读可能性时，将受众在解读意义（解码）时使用的符码（Code）

---

[*] 斯图亚特·霍尔（Stuart Hall，1932—2014），英国文化理论家、社会学家，文化研究领域的代表性理论家，提出影响深远的"编码/解码沟通模型"（Encoding/Decoding model of communication），代表作有《电视话语的编码和译码》(1973)、《文化研究：两种范式》(1980)等。

分为三类，分别是①支配性符码、②交涉性符码、③对抗性符码。[16]如果将这一理论应用到对"偶像"的解读中，那么被优先使用的假想恋爱框架正占据着支配性符码的地位，但是回顾"偶像"的历史，可以看到这种解读方式的符码并不一直都是铁板一块。此外，如果把"异性"的假想恋爱看作是支配性符码的话，那么幻想同性成员之间的恋爱并乐在其中的粉丝，便是在遵从恋爱至上主义的同时，将其中的恋爱关系从男女替换成了男男，这在某种意义上可以看作是使用了显示折中态度的交涉性符码。

以上写的是到2010年左右为止的情况，接下来让我们看看最近的偶像杂志和相关文化产品的面貌，以及当下的时代状况吧。首先是"女性向"杂志的代表《Myojo》，翻开2022年4月号（撰写本文时的最新一期）可以看到，这期刊登了惯例的"第28届你选择的Jr.*大奖"（1995年起每年举办），卷首揭晓的奖项是"最想和他成为恋人的Jr."。排名靠前的成员在感谢粉丝投票的同时，还写下了"如果交了女朋友……"这样的话，由此可见，这里的恋人说到底还是被默认为"女朋

---

* 又称"小杰尼斯"，是杰尼斯事务所旗下尚未出道的男偶像的统称，他们主要给已出道的前辈偶像担任伴舞，从中积累表演经验。

友"。也就是说，把异性恋视为理所当然的话语仍在被再生产。然而，在这个评选活动中，出于"从伙伴那里拿到票果然也很开心♥"的理由，也颁布了通过成员投票决定的"Jr. 选择的 Jr. 大奖"，其中包括"最想和他成为恋人""最想和他接吻"等奖项。此外，杂志其他部分刊登了一篇题为《让读者落泪的 10000 字采访名言集》的关于 Snow Man* 的文章，文中介绍了读者的感想："第一次听说成员之间的这份羁绊，太催泪了！"这意味着杂志中既有"同性恋"角度的解读，又有对"同性社会性关系"的追求，在同一个媒体空间内，读者可以通过多种符码来阐释"偶像"。

至于"男性向"杂志，前面已经说过，一部分杂志在 20 世纪 90 年代初的"偶像寒冬"期间就休刊了。不过其中也有《BOMB》这样继续发行的杂志，和《B.L.T》（东京 NEWS 通信社，1997 年创刊）这样新创刊的杂志。当然女偶像和粉丝的身影肯定不会消失，随着偶像种类的扩张和粉丝形态的多样化，女偶像周遭的媒体环境被不断细分，这或许造成了"男性向"杂志作为大众媒体不像"女性向"杂志那样醒目。不过，2010 年之

---

* 杰尼斯事务所旗下的男子偶像组合，于 2020 年出道。

后，受到女子偶像组合复兴（人称"偶像战国时代"）的影响，《BIG ONE GIRLS》（近代映画社，2010年创刊）、《BRODY》（白夜书房，2015年创刊），《IDOL VILLAGE》（Meta-Brain，2017年创刊）等以女偶像为中心的偶像杂志以双月刊、季刊的形式再度开始发行。

此外，还出现了一个新的潮流，那就是女性向时尚杂志越来越多地启用女子偶像组合的成员担任专属模特，并邀请她们登上封面。最早引领这一潮流的有2008年起在《MORE》（集英社）做了十年专属模特的AKB48原成员篠田麻里子，代表人物有乃木坂46原成员白石麻衣（主妇之友社的《RAY》，2013—2018）、乃木坂46原成员西野七濑（集英社的《non-no》，2015—2022）等。一种新的媒体空间正在形成，这些杂志不再局限在面向"异性"的"男性向"领域里，而是将女偶像塑造成让"同性"感到"憧憬"、刺激同性消费的榜样人物。进一步将目光转向杂志以外的文化产品，我们会发现，像《所以，我就推你了》（NHK，2019）和《神推偶像登上武道馆我就死而无憾》（TBS电视，2020）这样，描绘女粉丝"推"女偶像的作品变多了。追星方式无法被纳入异性恋规范下的粉丝和偶像的关系开始受到关注。[17] 今时今日，"何者能被视作恋爱对象"的框架本身就在"动摇",虽然上面说的这些变化也可以看成是针对恋爱至上主义的对抗性符码,但更可能表明,当今时代已经来到一个转折期。许多人开始使用各种不能仅从性别/性取向来定义的符码,自由地解释"偶像",而这些人正在越来越多地走进大众的视野,拥有自己的声音。

注释

1 这里的"异性"是指与"出生时被指定的性别"相对的"异性"。后文中,"异性"和"同性"将以类似的意义来使用。
2 关于从"明星"到"偶像"的转变过程以及偶像文化萌芽期的媒体状况,详见小川博司:《音楽する社会》(勁草書房,1998)。稲増龍夫:《アイドル工学》(筑摩書房,1989)。小川博司:《アイドル歌手の誕生と変容》(藤井知昭、高橋昭弘编《現代と音楽》〔"民族音楽叢書"第十卷〕,東京書籍,1991,第89—106页)。阪本博志:《"平凡"の時代——1950年代の大衆娯楽雑誌と若者たち》(昭和堂,2008)。田島悠来:《"アイドル"のメディア史——"明星"とヤングの70年代》(森話社,2017)。
3 小川博司:《アイドル歌手の誕生と変容》。
4 辻泉:《今日の若者の友人関係における構造、意味、機能——アイドルファンを事例として》,首都大学東京・都立大学社会学研究会编《社会学論考》第22号,首都大学東京・都立大学社会学研究会,2001,第81—106页。《"オッカケ"をするファンたちの風俗》,《現代風俗学研究》第9号,現代風俗研究会,2003,第26—37页。《ファンの快楽》,東谷護编《ポピュラー音楽へのまなざし—売る・読む・楽しむ》,勁草書房,2003,第304—330页。《ポピュラー文化の危機——ジャニーズ・ファンは"遊べているのか"》,宮台真司、鈴木弘輝编著《21世紀の現実—社会学の挑戦》,ミネルヴァ書房,2004,第215页。《関係性の楽園/地獄——ジャニーズ系アイドルをめぐるファンたちのコミュニケーション》,東園子、岡井崇之、小林義寛、玉川博章、辻泉、名藤多香子《それぞれのファン研究——I am a fan》(ポップカルチュア選書,レッセーの荒野),風塵社,2007,第243—289页。
5 辻泉:《"観察者化"するファン——流動化社会への適応形態として》,《アド・スタディーズ》第40号,吉田秀雄記念事業財団,2012,第28—33页。《"同担拒否"再考——アイドルとファンの関係、ファン・コミュニティ》,《新社会学研究》第3号,新曜社,2018,第34—49页。
6 難波功士:《アイドルを声援することの系譜学——親衛隊からヲ

夕芸まで》，丹羽典生編著《応援の人類学》，青弓社，2020，第297—323页。

7 太田省一:《そして再び、アイドルグループは"学校"になった——引退／卒業のアイドル史》，《現代思想》，青土社，2019年3月号，第34—43页。

8 《明星》，集英社，1973年11月号。

9 《明星》，集英社，1972年1月号。

10 另一方面，这一时期女偶像的粉丝也被称为"偶像学究"、"外道"、"愚连"等，可见随着喜爱的对象变得多样化，粉丝本身也越来越细分化了。详见前面提到的《アイドルを声援することの系譜学》一文。

11 不过，根据读者亲身经历改编的《内裤之穴》在1984年被拍成电影，由菊池桃子*主演，这部电影也成为她的出道作。

12 经确认一直持续到2014年4月号。

13 经确认一直持续到2014年4月号。

14 井上輝子:《ジェンダーとメディア——雑誌の誌面を解読する》，鈴木みどり編《メディア・リテラシーの現在と未来》，世界思想社，2001，第118—139页。

15 想了解更多女性创造的与"同性恋关系"/"同性社会性关系"有关的流行文化，详见東園子:《宝塚・やおい、愛の読み替え——女性とポピュラーカルチャーの社会学》(新曜社，2015)。

16 Stuart Hall, "Encoding/decoding", Stuart Hall、Dorothy Hobson、Andrew Lowe、Paul Willis 编, *Culture, Media, Language: Working Papers in Cultural Studies 1972-79*, Hutchinson, 1980, 第117—127页。

17 关于这点，参见田岛悠来分析"追星活动"的媒体表象及媒体话语的文章《メディアが描く"推し活"——メディア報道と表象の分析から》(《帝京社会学》第35号，帝京大学文学部社会学科，2022，第87—115页)。

---

* 20世纪80年代日本女性偶像歌手的代表人物之一。

第八章
观众能否激发表演者的"闪耀"

——以《少女☆歌剧 Revue Starlight》为例思考"追
　星"的矛盾

中村香住

* 本章是以《少女☆歌剧 Revue Starlight》为主题的批评文章。文章在性质上无法避开剧情来展开讨论，因此不可避免会涉及剧透。请在了解这点的基础上开始阅读。

1 观众"消费"表演者个人魅力和
伙伴关系的利与弊

有这样一类娱乐，其形式是由观众欣赏真人演员的表演。本书书名中提到的"偶像"也是其中之一吧。观众将欣赏演员当作娱乐，这种做法古已有之。尤其是香月孝史说的"以知名、当红演员参演为大前提上演的戏剧"[1]，也就是基于明星中心制的戏剧和电影等，比如作为"日本明星中心制戏剧代表"的"歌舞伎和宝冢歌剧"[2]等，这类演艺形式就和偶像有着许多共通之处。其中最值得注意的是，"个人魅力成为享受的对象"[3]这一香月眼中偶像的共通特征，其实不仅限于狭义的"偶像"，不如说凡是采用明星中心制的表演在某种程度上都有此共性。在现在统称为"宅文化"的流行文化中，也经常能见到明星中心制的身影。因此，虽然"宅文化"的一大特色是对表演者的个人魅力进行解读，并对其投入各种各样的（主要是积极的）情感，但是乐在其中的"御宅族"，有时候也会为消费过程中自身"凝视"里挥之不去的暴力性而感到烦恼。

我自己也一直是抱着这样的矛盾心情作为"御宅族"在活动。我的御宅族活动主要围绕女偶像、女声优等由女性（或女性角色）担任表演者的宅文化。像这样的宅文化只要仍是资本主义下的一门生意，就不免会产生一种非对称性，即享受宅文化的消费者成为"凝视的一方"，提供宅文化的女性表演者和女性角色则成为"被凝视的一方"，也就是"客体"。目前来说，这些宅文化难逃在某种程度上"客体化"女性表演者的批判。

虽然从大的结构上看，这样的宅文化是"客体化"女性的一种表现，但是在其中活动着的每一位女性表演者，有时会抱着主体性的意志，努力做出独属自己的演绎。由于宅文化的制作者和消费者都期望她们能具备并表现出某种"女性气质"，所以她们的演绎很难彻底摆脱这张大网。但是，当我看到这些女性克服社会的压迫，努力创造出或强大或纤细的多样女性气质形象与相应的表达方式，同为女性的我也从中获得了力量。当然，这些可能也只是内容运营方在幕后操控罢了，将"拥有主体性的女性"作为卖点或许反而能提高作为客体的魅力。即便如此，作为工作的一环，当她们在舞台上和社交媒体上积极主动地展现自己的魅力时，我还是会被深深打动，发自内心地觉得："好棒啊，真好，想'推'。"尤其是在女性角色大量登场的宅文化作品里，有很多场景描绘的都是女性之间接纳彼此的存在、认可彼此的价值，为了共同的目标相互切磋，发挥各自长处，齐心协力达成梦想。其结果是，女性之间的关系得到了浓墨重彩的描写和表现。从中我们可以清楚看到女性之间的合作与团结，这点也会带给观众力量。

不管是通过哪一种方式得到力量，作为御宅族的我们，最终还是要参与到某种消费行为中去，也许是消费表演者的个人魅力，又或者是消费表演者之间的伙伴关系（叠加的魅力）等。身为宅文化的"消费者"，这也是当然的事。反过来，有时候"表演者"会对身为御宅族的我们说："因为有大家，我才能站上舞台表演。"御宅族一方会把这样的发言看作是基于某种权力关系的"客套话"，认为其真实意思是"没有御宅族的话，宅文化就赚不了钱，我们也得不到报酬"。这么说或许也不算错。但是，如果这仅仅是"客套话"，为什么来自各个领域的表演者都会反复表达类似的意思呢？这样一想，如此发言或许未必仅仅是"为了讨好御宅族而说的客套话"，也可能在某种程度上反映了实际发生的情况。

为了考察这点，本章选取了"声优2.5次元化"案例之一的《少女☆歌剧Revue Starlight》作为讨论对象。因为这部作品本身就谈及了表演者和观众之间的关系，对我们的研究课题来说是绝佳的素材，后文中会对此进一步说明。通过分析这部作品，我想要探讨"观众能否成为给予表演者力量的存在"这一问题。

2《少女☆歌剧 Revue Starlight》对"2.5次元"作品架构的更新

在着手分析之前，我首先想从2.5次元作品架构更新的角度，简单介绍一下《少女☆歌剧 Revue Starlight》。《少女☆歌剧 Revue Starlight》（以下简称《Revue Starlight》），是打造过众多"宅文化作品"的武士道公司在2017年4月启动的项目。当初的官方宣传语，采用了"音乐剧和动画交织、二层展开式少女歌剧"这样的说法。说到最近的2.5次元作品，以音乐剧《网球王子》为代表，一般都是先有动漫、游戏等"原作"，再将其以2.5次元的形式搬上舞台。但是对《Revue Starlight》而言，音乐剧本身才是"原作"。事实上，作为"二层展开式"作品的两大支柱之一，首部音乐剧被率先制作并搬上舞台（音乐剧《少女☆歌剧 Revue Starlight——The LIVE #1》的公演时间是2017年9月22日—24日），之后另一支柱——动画才开始制作、播放（电视动画剧集于2018年7月—9月在TBS电视台播放）。关于这点，武士道的老板木谷高明在Twitter上说过如下的话：

《Revue Starlight》与迄今为止的 2.5 次元音乐剧、音乐剧的区别在哪里呢？那就是音乐剧才是原作。看上去差不多，实则完全不同。不同于原作是动画、游戏的情况，因为音乐剧才是原作，剧本、表演等能够从零开始创作并完善。其原创性的魅力不是一般 2.5 次元音乐剧能比拟的。请用自己的双眼来确认吧！[4]

须川亚纪子将这种以音乐剧为"原作"的 2.5 次元作品归为"舞台先导型"[5]。这种 2.5 次元音乐剧中，"饰演某角色的演员会在动画化的时候担任声优"，"以声音作为媒介，从音乐剧往动画 / 游戏发展"。虽说自音乐剧《网球王子》面世（2003）以后，2.5 次元舞台化时启用和游戏 / 动画版声优不同的年轻演员成了主流，但在那之前的 2.5 次元音乐剧，比如《樱花大战歌谣SHOW》（1997—2020）和《HUNTER × HUNTER》（2000—2004）等，都是由游戏 / 动画版的声优在舞台上饰演自己负责的角色。须川将这类舞台剧音乐剧称为"声优 / 角色舞台"[6]。因此，像《Revue Starlight》这样"舞台先导型"的 2.5 次元音乐剧，可以说和传统"声优 / 角色舞台"先有游戏 / 动画、再有舞台的顺序背道而驰。

除了上述区别外，演员阵容出身各异也是《Revue Starlight》的一大特色。演员中汇集了有各式背景的成员，不仅有原本就作为声优活跃的人，也有像饰演天堂真矢的富田麻帆那样常年在大舞台上表演的音乐剧演员，像饰演露崎真昼的岩田阳葵那样在小剧场和少女戏剧中活跃的演员，以及像饰演主角爱城华恋的小山百代那样有过出演2.5次元音乐剧《美少女战士》经验的演员。这也是以音乐剧为原作才会有的演员配置吧。其中也有不少演员是首次尝试声优工作，在第一部音乐剧上演一年后，大家终于借着动画化的机会成为"声优"。因为有着这样的背景，《Revue Starlight》的演员阵容在具备多样性的同时，也搅乱了2.5次元作品中"表演者"（Cast）的概念，让观众不知道究竟该把各位表演者看成是"声优"还是"演员"，又或是别的什么。

3 让舞台少女"闪耀"的"燃料"到底是什么？

《少女☆歌剧 Revue Starlight》是一部以圣翔音乐学院99期生、演员育成科（A组）中九名少女为主角的作品。

圣翔音乐学院在设定上是国内顶尖的表演学校，99期生的目标是在学校传统的"圣翔祭"上，将上一年也上演过的剧目《Starlight》（原题：The Starlight Gatherer）表演得更加精彩，为此她们在学校生活中不断积累经验。这些每天作为演员上课、排练的少女，在作品中被称为"舞台少女"。此外，除了以校园生活为主的日常部分，作品中还有一些场景，描绘的是放学后的舞台少女们在神秘的地下剧场参加名为"Revue Audition"的决斗。Revue Audition 的主办者是一头同样充满谜团的长颈鹿，据长颈鹿说，最终最为"闪耀"的一名舞台少女将成为"Top Star"。在《Revue Starlight》中，舞台少女的"闪耀"这一概念贯穿了整部作品，所有人都把它视作非常重要的东西。不管是在音乐剧版还是在动画版中都时不时会用到这个概念，但是并未附加注释，也没有明确定义。不过，从动画版中角色的台词来解读的话，指的也许就是"站在舞台上的紧张感，在舞台上歌唱的高扬感"（动画第八集中神乐光的台词）、"站在舞台上的快乐、幸福、昂扬，在舞台上跳舞的喜悦，合唱的可爱，照亮舞台的光"（动画第十一集中天堂真矢的台词）等类似的东西吧。*

---

* 动画版台词及专有名词的翻译参考了哔哩哔哩网站上引进版动画的官方字幕。

在《Revue Starlight》的设定中，这样的舞台少女为了产生"闪耀"，需要某种"燃料"。那么，这个"燃料"是什么呢？动画版中，对此有明确的答案。那就是在 Revue Audition 中败下阵来的舞台少女们的闪耀。

神乐光："在 Audition 里，展现了最闪耀的 Revue 的人，会被授予星星的 Tiara，开启通往 Top Star 的道路吧。但是，输了的话就会被剥夺一切。重要的闪耀也都会被夺走。"

长颈鹿："是的。"

神乐光："你骗了我呢。"

长颈鹿："因为 Top Star 的诞生，需要相应的燃料。"

神乐光："那就是，从我那里夺走的闪耀？"（动画第八集）

长颈鹿说，为了孕育出 Top Star 一个人的闪耀，作为代价就要将在 Revue Audition 中战败的其他舞台少女的闪耀全部夺走作为"燃料"。此外，长颈鹿还说，舞台少女是"将寻常的喜悦、女孩的快乐，全都燃烧殆尽，以遥远的闪耀为目标"（动画第一集等）的人，"寻常的喜悦、女孩的快乐"也可以解释为闪耀的"燃料"之一。

191

甚至在《剧场版 少女☆歌剧 Revue Starlight》(以下简称剧场版)中,从结论来说,观众也被描写成了"燃料"的一部分。关于这点会在后文详述。

无论是哪种情况,《Revue Starlight》中的"燃料"一词都可以解读成偶像界中常见的花言巧语和哄骗机制吧,比如那些凝聚了竞争性价值观并以之为借口的话术。所以,对于"燃料"这个词,我们是否应该"全盘"接受,这里还要打个问号。不过在本章中,通过思考这部作品中的"燃料"意味着什么,也许可以帮助我们反过来看清现实中偶像受到的压迫,所以我将对这一概念展开探讨。

4 为什么说表演者能站上舞台是多亏了观众?

《Revue Starlight》本身就是对表演者和观众之间的关系有所自觉的作品。动画第十二集中长颈鹿的台词,明白地描述了这一点。长颈鹿是这么说的:

为什么我总是只在一旁看着,你对此感到困

惑？我明白。所谓舞台，是要有演员、有观众才能成立的。只要台上有演员，观众还想继续看，戏就会继续演下去。（看向镜头——引用者注）是的，就像你至今一直看着她们那样。我不想让这舞台中断。我是热爱舞台的观众，同时也是命运舞台的主办者。舞台少女们的永恒一瞬，绽放的闪耀，我就是想看到这个！是的，就和你一样。我明白。（动画第十二集）

在这段台词中，长颈鹿说舞台是要集齐演员和观众才能成立的，只要观众还想看，舞台就要继续下去，接着它面向镜头开始说话，这一幕让正在看动画的我们也作为同样的"观众"变成了"共犯者"。

帕特里克·W.加尔布雷斯[*]在论文中批评说，《Revue Starlight》虽然在动画第十二集中批判了观众想看战斗这件事的暴力性，但是各种衍生作品中的战斗还在继续，可见创作者既没有停手的想法，也没有真心觉得这是错误的。[7]然而，虽然观众确实对表演者有着某种暴力，

---

[*] 帕特里克·W.加尔布雷斯（Patrick W. Galbraith，1982— ），美籍留日学者，主要研究日本的御宅族文化，著有《御宅族百科全书：日本亚文化深度指南》（2009）等。

但另一方面，观众才是让舞台及表演者成立的"燃料"和"食粮"。着重强调这一点的，是剧场版。

首先，在剧场版中有描写显示，长颈鹿也是"燃料"之一。如同朱塞佩·阿尔钦博托*的众多作品一样、由各种蔬菜组成的长颈鹿说道"我也成为燃料和食粮"，并真的燃烧了起来。其次，剧场版的长颈鹿，就像小山百代在采访中说到的那样，"这次的长颈鹿不是主办者，仅仅是观众"[8]，从开头一幕长颈鹿的台词"要赶不上了""我要错过了吗"也能看出，它的身份只是一名观众。所以，把长颈鹿当作"燃料"来描写，简单来说就是在暗示观众即"燃料"。不仅如此，长颈鹿的喉头和心脏部位填满了番茄这种蔬菜，而番茄正是剧场版中重要的意象之一，在片中被描写成和"燃料"有关的东西。根据电视动画剧集及剧场版导演古川知宏的说法，"'番茄'是观众燃烧殆尽后的残余之物，表演者要有将之'吃掉'的觉悟，才能站在舞台上"。[9]也就是说，番茄是观众成为燃料后的副产物，也是舞台少女的生命食粮，只有怀抱觉悟吃掉这些东

---

* 朱塞佩·阿尔钦博托（Giuseppe Arcimboldo，1527—1593），意大利文艺复兴时期著名肖像画家，绘制了一系列用水果、蔬菜、花朵、动物等堆砌成的人物肖像，充满想象力和荒诞色彩。

西，舞台少女才能在台上立足。

在这里，我想援引几个理论来进一步思考演员和观众之间的关系。首先，让我们从社会学家欧文·戈夫曼*的表演理论来思考看看。戈夫曼的表演理论说，在表演者和观众的互动场所——"表局域"（Front Regions）中，两者相互协助，同时双方都从元视角出发去行动。[10]这就是说，表演者知道自己在被观众观看，并以此为前提做出行动。不仅如此，观众在注视表演者的时候，心里也知道表演者的行动可能把观众的视线也计算进去了。再进一步，表演者也知道，观众会怀疑自己的行动可能是做出来给观众看的……如此无限嵌套。从这个角度思考的话，"观众的观看让表演得以成立"究竟意味着什么呢？这或许意味着，只有当观众事先对表演者的行动和表演有所预期，而表演者也知道这一点时，表演者的表演才算完成。

接下来，再从情动（Affect）理论的观点来思考一

---

* 欧文·戈夫曼（Erving Goffman，1922—1982），美国社会学理论家，提出符号互动（Symbolic Interaction）研究，首次从社会学角度提出拟剧论（Dramaturgy），揭示人们在日常生活中的社会互动方式，代表作有《日常生活中的自我呈现》（1956）、《精神病院》（1961）、《污名：管理受损身份的笔记》（1963）等。

下演员和观众的关系吧。川村觉文[*]说，在"声优—角色现场演出"（声优在乐队伴奏下演绎二次元角色的现场音乐会）中，"不如说观众才是主体，他们推动着声优—角色，使之化身为活生生的二次元角色出现在众人面前"[11]。关于"情动"这一概念，川村总结道："如今人们认识到，某个情境中的特定主体，由于受到这一情境的影响和刺激（Affect），反过来又会对这一情境产生影响、施加刺激。为了分析这种相互关系，人们开始关注'情动'的概念。"[12] 接着他说：

> "声优—角色现场演出"中，观众是奔着体验和角色活在同一时空中的感觉而来的。他们并不是通过主观地、主动地将声优和角色视作同一个人，换言之，通过"假装"把声优当作角色来对待，从而"假装"自己和角色生活在同一时空中。不如说，在声音的刺激下，观众还没来得及产生那样的主观性和"假装"，就已经做出了远不止是"装作将声优视为角色"的反应。然后，借由那样的情动，现场构筑起了能够让声优作为角色出现在观众眼前的情境或空间。[13]

---

[*] 川村觉文（1979— ），日本社会学者，主要研究媒体文化论、政治哲学，以文化和技术的政治性为切入点，对现代媒体文化进行深入思考。

在这里，川村表示，观众才是使声优作为角色出现这件事成为可能的"主体"。确实从这个角度思考的话，2.5次元音乐剧中声优能够作为角色在台上现身，也许正是因为台下坐着一群满怀情动的观众吧。

5 长颈鹿喜欢惊喜？

这节里，我想请大家关注一下 Revue Audition 的主办者、关于"燃料"有过直接发言的长颈鹿。长颈鹿是在作品中有着特殊地位的角色。按照基本设定来说，从台词"热爱舞台的观众、命运舞台的主办者"（动画第十二集）中也能看出，长颈鹿既是"观众"，也是 Revue Audition 的主办者。另一方面，像前面说过的那样，在剧场版中，长颈鹿不再是主办者，而是成为单纯的观众。此外，在音乐剧版中，它身上"主办者""运营"的色彩变得更加强烈，领导着担任"舞台导演"的年级主任走驼老师。

长颈鹿在动画第十二集中说过："空降的舞台少女，要开始结局的序章？舞台少女产生的化学反应，无法预料的舞台！啊啊，这就是我想看的舞台！我懂了！"此处"空降的舞台少女"指的是主角爱城华恋。不过就像台词中表现的那样，动画版中长颈鹿虽然身为 Revue Audition 的主办者，却也没有想要将 Audition 完全掌握在自己手中并加以控制。想来这是因为长颈鹿的立场说到底有一半是"观众"，对它来说只要能看到自己"想看的舞台"也就行了。长颈鹿的这种态度，让人想起秋元康运营 48 系组合的手法。他在担任制作人的时候总是盼望偶像们能主动制造"惊喜"，他再将这种"惊喜"包装成内容产品。秋元康在运营偶像的时候，一旦决定好了环境设定和人员配置，接下来他便把自己也当作"观众"之一，和粉丝一起期待偶像在那个环境中创造出连他自己也预测不到的有趣情况，某种意义上这是一种很"狡猾"的立场。这样想的话，《Revue Starlight》中的长颈鹿，是不是酷似秋元康一样的存在呢。音乐剧版更加强调了长颈鹿的这一侧面。

6 为什么长颈鹿执着于区别"舞台少女"和"普通"的"女孩"

这样的长颈鹿为什么执着于区别"舞台少女"和"普

通"的"女孩"呢？[14]这是接下来我想思考的问题。前面提到的长颈鹿的这段台词，"将寻常的喜悦、女孩的快乐，全都燃烧殆尽，以遥远的闪耀为目标"，在动画中被多次重复。"寻常的喜悦、女孩的快乐"，如果泛泛地来考虑的话，所指范围似乎相当之广，但如果联系上现实中的偶像，就会让人想起那些为了美化"禁止恋爱"等概念而经常被使用的话术。

这样的话术，乍看之下是一种"剥削"。仿佛为了成为舞台少女，一定要牺牲掉些什么才行。但是，从现实世界中表演者的处境来看，这种"觉悟"，也就是要在观众每时每刻的观看下扮演"舞台少女"的觉悟，对舞台少女来说显然是必要的。这里让人在意的是，长颈鹿所说的"普通"的"女孩"到底是怎样一种存在呢？将"舞台少女"和"普通"的"女孩"简单区分开来，原本是件很粗暴的事，但这种区分对观众来说却是正中下怀。这是因为，如果"舞台少女"是和"普通"的"女孩"不一样的特殊存在，那么观众在"消费"她们时多少能变得心安理得一些。但我不禁想到，经常沐浴在（广义上的）观众的视线中，没有剧本也不得不一直表演下去，这难道不正是当代"普通"的"女孩"的真实处境吗？

下面我想让大家读一下三森铃子的话，她在《Revue

Starlight》中饰演的是主角的青梅竹马神乐光。

当被问到"喜欢的一幕"时,三森回答说,电视动画中登场的长颈鹿的台词"将寻常的喜悦、女孩的快乐,全都燃烧殆尽,以遥远的闪耀为目标"让她深深地感同身受。这是因为三森自己,包括其他的表演者,她们都选择了音乐剧这条路,即便要稍微牺牲掉一些"作为普通女孩的快乐"也在所不惜,因为"演音乐剧更快乐"。

"我每天放学后都要上课,只能眼睁睁看着大家出去玩",三森回想起学生时代说的这段话,让身为作品粉丝的我感慨万千。[15]

演员之一的三森铃子说,为了追求音乐剧的快乐,而"稍微牺牲了'作为普通女孩的快乐'",这让她更为真切地感受到自己是一名"舞台少女"。只是,这里三森提到的"上课"事例,作为牺牲"寻常的喜悦、女孩的快乐"的例子来说是最无伤大雅的。

然而,三森也有三森的"生活"(包括三森自己做"舞台少女"的那段日子里也是如此)。事实上,在宣布和冈田和睦结婚以后,三森至今仍保持着一定的身心健康

（至少表面上是这样），继续扮演"舞台少女"，所以她应该并没有真的"燃烧殆尽"。不过，即便"燃烧殆尽""燃料"这些词只是一种比喻，我们还是能感受到三森在说起牺牲"作为普通女孩的快乐"等东西时，似乎抱着一种正面的态度。于是我不禁想问，"舞台少女"究竟有没有可持续性（Sustainability）呢？作为概念的"舞台少女"是一种稍纵即逝的存在，但现实中的"舞台少女"们是如何维持她们的人生和生活的呢？关于这点，可能只有深入研究表演者劳动的相关问题后才能回答了。这是一个非常重要的课题，但在本章中恕无力展开。

7 为什么即便如此也要继续做"舞台少女"呢？

接下来，我想稍微转换问法，讨论一下"为什么这么辛苦还要做'舞台少女'"这个问题。如果用文本分析的方式从《Revue Starlight》的故事中提取答案的话，那就是"因为已经沐浴过闪耀了"。《Revue Starlight》的主角爱城华恋和青梅竹马的神乐光，在小时候曾经一同观看了《Starlight》这出戏剧。这段儿时经历引领二人走上了舞台少女之路，二人下定决心"一定要一起成为Star"。在这里，原本是"观众"的二人成为"舞台少女"。粉丝和御宅族本来是沐浴闪耀的一方，却变成表演者、成为再生产闪耀的一方，这件事重新质疑了将作为"普通"的"女孩"的观众和作为"舞台少女"的表演者区分开来的二分法。这段剧情告诉我们，不管（再）生产"闪耀"的过程有多么艰辛，沐浴过"闪耀"的原初体验和无论如何也"忘不了"的心情，是让"舞台少女"成为"舞台少女"、让"舞台少女"继续做"舞台少女"的原动力。在《Revue Starlight》中饰演花柳香子一角的伊藤彩沙，其实本身也是宝塚歌剧团的粉丝，她在音乐剧《少女☆歌剧 Revue Starlight——The Live #3 Growth》的宣传册中留下了这样的话：

> 每当回看Starlight音乐剧的录像时，我总会惊讶地发现："当时的我身处无与伦比的闪耀中！"我一直盼望着能快点站上那个耀眼的舞台。结束剧场版的工作后，我心中对Starlight的爱已经要满溢而出，能在这个时候和大家见面真是太好了！[16]

8 "舞台少女"与"舞台创造科"的共犯关系

顺便一提,《Revue Starlight》的粉丝被称为"舞台创造科"。在第一部音乐剧中,二年 A 班演员育成科的班主任也向观众席(观众)喊道:"二年 B 班舞台创造科的各~位!"关于这个词,饰演西条克洛迪娜的相羽亚衣奈说过如下的话:

> "舞台创造科"这个词的美妙之处在于,这是剧中同一个学校中的学科。正因为大家有着同在一个学校的意识,音乐剧也好,现场演出也好,台上台下才能融为一体。就像我在《愿望会化为光》里唱的那样,每个人都是"不可或缺"的存在。作为同一个学校的伙伴,虽然学科不同,但我们可以一起前行。[17]

对于"舞台创造科"这个粉丝名称,我曾经怀有复杂的心情。因为我觉得包括我在内的观众只是在消费"舞台少女"们的"闪耀"罢了,完全没有"创造"出什么。但是,从本章之前的讨论来看,不管是好是坏,观众和演员之间确实存在着某种"共犯关系"。古川知宏导演在前述的剧场版采访中也这样说过：

> 观众作为观众，演员作为演员，各自都有要燃烧的东西。我认为正是在这样的共犯关系下，"点燃舞台"的行为才得以成立。[18]

从字面意思解读导演的这段话，我们"观众"也必须将某种东西"燃烧殆尽"。正因为我们"观众"站在观众的立场上"燃烧"了某种东西，舞台才得以成立。但是我们究竟该以什么方式、将何物"燃烧殆尽"才好呢？站在观众的立场上进行的"燃烧"行为究竟是指什么呢？是不管工作上还是私底下都全力以赴地度过每一天吗？是全情投入地享受《Revue Starlight》这一作品，为角色和演员加油打气吗？是看演出的时候在观众席上积极回应，为演员捧场吗？又或是参与二次创作和研究活动等，将自己的一部分"闪耀"以别的形式进行再生产吗？大家应该能想到各种各样的答案吧。

然而，"站在观众的立场上燃烧"这句话也包含着某种危险。比如也可能会被解释成是在煽动"大量购买CD"这种和资本主义挂钩的消费行为。这样一想，要站在"观众"的立场上恰当地"燃烧"并不是一件容易的事情。虽然古川导演轻飘飘地说"观众作为观众，演员作为演员"，但是根据立场的不同，"燃烧"的方式也会变化，所以很难一概而论地认定"这就是站在观众立场上的'燃烧'行为"。

说到底，观众和表演者一起"燃烧"，直至"燃烧殆尽"，这样的做法很难说是健康的。但是，在享受观众和表演者共同存在才能成立的娱乐时，面对表演者"燃烧殆尽"的觉悟，观众或许在某种意义上也需要有一同燃尽的"觉悟"。表演者和观众站在各自的立场，抱着觉悟全力地相互激荡，这或许就是让表演者在观众的支持下焕发"闪耀"的条件之一吧。

最后，我想引用饰演星见纯那的佐藤日向和饰演大场奈奈的小泉萌香的话来结束本章，她们在这段话中将"舞台创造科"的全体成员都囊括进了《Starlight》的创作中：

> 佐藤：动画开始播出了，今年也在各种活动上展示了唱歌、舞蹈、打戏。不过为了让看过一次演出的观众能更加满足，今后我也必须"再生产自我"[*]，

---

[*] 这里佐藤引用了动画中主角在舞台上"变身"时会说出的经典台词"アタシ再生産"。

歌舞都要更精进才行。希望在第二部音乐剧和12月22日的2nd Live上，能让大家看见我们全新的样子。舞台创造科的各位，也有许许多多能做的事，所以让我们一起再生产吧！（笑）

小泉：啊，压力给到了舞台创造科的全体成员呢（笑）。

佐藤：因为这是我们大家一起创作的《Starlight》![19]

注释

1 香月孝史:《乃木坂46、ももクロ、AKB48…演劇企画が示す"アイドルというジャンル"の特性》("アイドル論考・整理整頓"第四回:アイドルと演劇), Real sound, 2015年8月27日(https://realsound.jp/2015/08/post-4367.html)[2022年3月4日阅览]。

2 同上。

3 香月孝史:《"アイドル"の読み方——混乱する"語り"を問う》(青弓社ライブラリー), 青弓社, 2014, 第103页。

4 木谷高明"Twitter"(https://twitter.com/kidanit/status/930835520946499584?s=21)[2022年3月4日阅览]。

5 須川亜紀子:《2.5次元文化論——舞台・キャラクター・ファンダム》, 青弓社, 2021, 第119页。

6 同上第59页。

7 Patrick W. Galbraith, "The Ethics of Imaginary Violence, Part 2: 'Moexploitation' and Critique in Revue Starlight", *U.S.-Japan Women's Journal*, 第59期, 2021, 第99页。

8 《愛城華恋役・小山百代"バッドエンドやハッピーエンドなどの言葉ではなく〈スタァライト〉としか表現できない結末です"[インタビュー]》, 超!アニメディア, 2021年7月2日(https://cho-animedia.jp/article/2021/07/02/25948.html)[2022年3月4日阅览]。

9 岡本大介:《〈劇場版 少女☆歌劇レヴュースタァライト〉監督・古川知宏インタビュー②》, Febri, 2021年6月16日(https://febri.jp/topics/starlight_director_interwiew_2/)[2022年3月4日阅览]。

10 Erving Goffman, *The Presentation of Self in Everyday Life*, Doubleday, 1959(E・ゴッフマン:《行為と演技——日常生活における自己呈示》〔《ゴッフマンの社会学》第一巻〕, 石黒毅译, 誠信書房, 1974)。

11 川村覚文:《声優——キャラ・ライブという例外状態——その条件としてのオーディエンスの情動と主体》,《ユリイカ》, 青土社,

2016年9月临时增刊号，第127页。
12 同上第127页。
13 同上第128页。
14 这一点是在与近藤银河*的讨论中受到启发获得的想法。特此感谢。
15 小林白菜：《裏話満載！"劇場版 少女☆歌劇 レヴュースタアライト"初日舞台挨拶レポート（※途中からネタバレあり）》，Gamer，2021年6月5日（https://www.gamer.ne.jp/news/202106050004/）[2022年3月4日阅览]。
16 《舞台少女、今までと、これからと》，《少女☆歌劇 レヴュースタアライト—The LIVE—#3 Growth》パンフレット。
17 電撃G's マガジン编辑部编：《少女☆歌劇 レヴュースタアライト メモリアルブック》，KADOKAWA，2018，第90页。
18 同注释9。
19 電撃G's マガジン编辑部编：《少女☆歌劇 レヴュースタアライト メモリアルブック》，KADOKAWA，2018，第88页。

［致谢］本文根据笔者于2011年12月5日（星期日）在网络节目《[近藤银河 × 中村香住 × 松下哲也]是什么让少女们站上舞台——有关〈少女☆歌剧 Revue Starlight〉的演员、观众、性别、性向等问题》中的发言整理而成。该节目在视频网站SHIRASU的《松下哲也的艺术讲座》频道播出。特别感谢节目的主持人兼策划人松下哲也先生，与我一同演讲并讨论的近藤银河女士，以及观看节目并提出宝贵意见的各位观众朋友。

［附记］本章第一节《观众"消费"表演者个人魅力和伙伴关系的利与弊》的部分内容源于我2020年为《现代商业》写的《既是"宅女"也是"女性主义者"的我每日的内心冲突——在赋权与消

---

* 近藤银河（1992—），日本美术史家、艺术家、作家，以女性主义和性别观念研究美术、文学及亚文化，同时以艺术家的身份进行实践。初中起患病导致行动不便，因而得名"轮椅上的哲学家"。

费的狭缝间》(「オタク」であり「フェミニスト」でもある私が、日々感じている葛藤——エンパワメントと消費の狭間で)(https://gendai.ismedia.jp/articles/-/73447)一文中的片段,我在原文的基础上做了进一步的补充和修正。

第九章

如果观看偶像就像一场赌博

——"好"与"坏"的一体两面

松本友也

1 "观看偶像"是种怎样的行为?

我是从什么时候开始观看偶像的呢?虽然具体时间已经记不清了,但大约从十几岁开始,我就迷上了在台上边唱边跳的偶像,如今恐怕已经超过十五年了。日本的主流偶像、"偶像战国时代"的现场偶像、K-POP偶像,一直到最近的泰国和中国的偶像,不论规模大小、性别、国籍,各式各样的偶像我都有涉猎。在这般杂食性的鉴赏过程中,我经常会忍不住问自己:"偶像这种娱乐类型的特有魅力到底是什么呢?'观看偶像'究竟是种怎样的行为?"这种疑问一方面来自外部的比较,如将偶像和乐队、戏剧、舞蹈、说唱等表演形式相比较,另一方面也来自内部的比较，比如将主流偶像、现场偶像和外国的偶像放在一起比较。

偶像粉丝经常会有这样的疑问，我想这可能是出于维护偶像或自我辩护的心理，毕竟偶像这个行业本身容易受到非议，也可能是心里有股冲动，想要将自己获得的强烈体验用语言表达出来，又或是自然而然就开始思考要如何描述自己眼中"独属于偶像"的那份魅力。我也一样，现在依然在为这个问题绞尽脑汁。

对于这个问题，本章想要提出这样一个工作假说*："观看偶像是类似'赌博'的行为"。也许听起来会让人有些摸不着头脑，这个比喻本身也不乏问题。但是我们要知道，偶像这种娱乐类型有很多毛病，而且这些毛病和其魅力是难以分开的，因此我觉得像这种很难说是恰当的比喻也许才更为合适。后文中，我想以"赌博"的概念为线索，在这条线索的引领下思考"观看偶像"这种行为的两面性。

---

* 在科学研究中使用的术语，指为了推进研究而暂时设定为研究基础的假说，随着研究的深入，这一假说也可能被推翻，但对构建稳健的理论依然会发挥作用。

2 赌博的美学性，以及观看本身的赌博性

当然了，观看偶像在一般意义上并不是赌博，即"赌上金钱或物品决一胜负"[1]。那么，赌博这一概念究竟具有怎样的性质，使其和"观看偶像"联系在了一起呢？

这里我想要参照哲学家桧垣立哉的两本书：《赌博/偶然性的哲学》[2]和《哲学家前往跑马场》[3]。身为赛马狂热粉丝的桧垣，在上述著作中以赛马为题材，论述了赌博中包含的哲学思想。本章中之所以会关注桧垣的赌博论，是因为他对赌博的描述，似乎正来自他"观看"赛马的经验。

> 我从未见过比1991年东海帝皇[*]的德比赛[†]更能尽显赛马之美的场面。这种美在2005年大震撼[‡]的德比赛中也有所体现，其中共同蕴藏着某种灵光性。（略）只见，一群生物从自然历史的深远处出现，

---

[*] 日本纯种竞赛马匹，曾四次夺得一级赛冠军，因其三度骨折但三度重返赛场的传奇经历，在日本赛马迷心中占有极高的地位。

[†] 东京优骏比赛，又称"日本德比"，是日本中央竞马会（JRA）在东京竞马场举办的国际一级赛。

[‡] 日本纯种竞赛马匹，是日本赛马史上第六匹三冠马，也是第二匹无败三冠马。

仿佛要串联起所有的记忆一般,奔驰在府中*的直线赛道上,令远近感在这一刻失灵。在郁郁葱葱的草地上,冠军马一马当先飞驰而过。眼前的这幅光景不仅仅是一场赛马比赛,它反映了赛马这项运动的永恒性,并因为具现化了这种永恒性而洋溢着灵光。[4]

桧垣在这段话中,一边回想东海帝皇奔驰的英姿,一边诉说着"赛马之美"。但同时,他的描述中明显有着单纯的"鉴赏"所不能概括的东西。对他来说,眼前的赛跑"不仅仅是一场赛马比赛",他从中看出的是"赛马这项运动的永恒性"。根据桧垣的说法,"赌博"这一行为或现象就源自这种情动。

> 毫无疑问,正因为"会有意外发生",赛马才让人感到快乐。每当我们遇到任何经验都无法解释的突发情况,面对失去赌金这种无法否定的现实时,就会更加深刻地体会到这一点。人们之所以会从中得到快乐,无非是因为这样的意外以某种方式让人强烈地感到"活在当下"。[5]

---

* 东京竞马场的所在地,东京竞马场又名府中竞马场。

赛马之乐，是在直面"意外"的过程中产生的。而想要制造"意外"，就必须先做出某种预测。对赛马来说，"赌"哪匹马会赢，就是这种预测。赌博者通常会根据马的状态以及和骑手的配合度、马场和赛程间的均衡性等无数的判断材料，来预测哪匹赛马会赢下比赛。之后再根据这一预测下注，这种预测就成为字面意义上的"赌博"。

当然，赌博中是不可能有完美的预测的。赌博之所以成为赌博，就是因为无论如何提高预测的精确度也无法看穿结果，总之残存着一定的不确定性。所以赌博者只能尽可能去预测，最后如同从悬崖上跳下一般做出决断。所谓决断，是"对无法预料结果之事所做的行为"[6]，其中伴随着某种无责任性（桧垣说，赌博在道德上被视作"恶"的原因之一，就是这种无责任性）。赌博有着这样"计算不可计算之物"[7]的一面，用桧垣的话说，赌马的快乐就是在和这种不确定性游戏的过程中产生的。

这种赌博性快乐与桧垣口中的"赛马之美"，或者说赌博的美学性，也可以说成是"观看的赌博性"。我以前也有一段时间每周都去看偶像的现场演出，曾经好多次在观看台上的表演时,强烈感觉到"我就是为了这一刻而出生的"。我从"观看的赌博性"中得到启发,以此来把握这种在"鉴赏"的框架内无法完全说明的情动。

3 偶像的"业余性"带来赌博般的紧张感

那么,"观看的赌博性"这一概念,具体放到"观看偶像"上要做何解释呢?下面我想让大家关注一下说起偶像和其他演艺类型的区别时人们经常会提到的"业余性"的概念。

当人们举出"业余性"作为偶像的特征时,多数情况下是为了将偶像和"职业"舞者及艺术家区别开来。确实,不管是唱歌跳舞,还是演技和综艺感,偶像在哪个领域都不是"职业"的。但是如果把这种"专业人士与业余爱好者"的对比,看成是"实力"的高下之别,很多时候是不符合实际情况的。有太多偶像在特定领域拥有"不输专业"的实力,以至于"不输专业"这种说法都已经听得人耳朵起茧了。

在这里,我想要提出一种新的定义方式,也就是不把"业余性"看成是在描述实力的有无,而是看成一种"观众对表演者的期待",具体而言就是"失败可能性"(即有可能会出洋相)。

这是什么意思呢?简单区分的话,对于专业人士的舞台,人们一般期待的是单纯的高质量表演,表演者只会表演自己专业领域内的东西。很难想象舞者硬要挑战"可能会失败的演唱",观众也并不想看。相反,当面对"业余性"的偶像舞台时,观众会暗暗期待偶像作为非专业者挑战多个领域而引发的"失败可能性"。

当人们被偶像的精彩表演打动时,那不仅仅是表演本身很精彩,其中也包含了对"精彩表演被完成了"这一事实(即"有可能会演砸,但是竟然没砸"这一事实)生出的情动。这种情动的前提是"有可能会出洋相"的预期,正是当这种负面的期待和紧张被背叛时,情动产生了(保险起见解释一下,这种负面期待既不是"失败就好了"的期待,也不是"反正会演砸吧"的轻蔑。硬要说的话,更接近"会不会演砸呢"这种紧张和真切的心情)。

因为有过"也许会演砸"的期待和紧张,所以观众会更鲜明地感知到"演出成功"的事实。按照桧垣的说法,这正是令人惊讶的赌博性情动:

> 在这里必须反过来说一下。赌博本质上，是对猜中了这件事感到惊讶。虽然听起来非常矛盾，但是猜中了这件事才是意料之外的。[8]

沿用桧垣的说法，"演出成功"这件事是"意料之外"的。人们说到"观看偶像"这件事时，经常会使用"守望"和"见证"这样的话语，这也是因为在观众的心中，这种赌博性的紧张如同通奏低音一般流淌着吧。

虽然上文故意用简单粗暴的方式将专业人士和业余爱好者进行对比，但是实际上的表演者是两种性质兼而有之。比如某个"专业"的舞者，也可能会尝试唱歌、演讲、演小品等作为余兴表演或某种"挑战"。那个舞者的粉丝，也可能和偶像的粉丝一样，在观看舞台时抱着赌博般的紧张感。这种情况下，我们可以认为观众将台上的专业人士当作偶像（业余爱好者）一样看待了。

此外，像前面说过的一样，偶像拥有专业级别的表演能力已经不是稀罕事了。我们应该关注的是，即便某个偶像拥有专业级别的唱功，那个偶像也不会只专注于唱歌一件事，而是始终要进行舞蹈、表演、综艺等"并非专业级别"的领域的活动。之所以会有这种现象，果然也是为了满足观众心中对于"业余性＝有可能会出洋相"的期待吧。

4 明明拥有"和我们一样的身体"，却背叛了相应的期待

关于观看偶像表演时产生的情动和赌博性情动之间的关系，我还有一点想说的。桧垣在提到赌博性快乐时说，当你拼命想要押中时，预测被"背叛"的瞬间会产生比预测中了还要大的快乐。[9] 例如前面引用过的关于1991 年德比赛上的东海帝皇的那段话，桧垣之后是这么说的：

> 1991 年德比赛的直线赛道上，东海帝皇一骑绝尘的身姿是如此美丽，仿佛是异种的马混入了马群中一般。那条直线赛道完全无视赌博者的殚精竭虑，将骏马的强大原封不动地展示出来，令人窥见赛马的本质。赌博者因此被背叛，也因此获得快乐。[10]

确实，观看偶像时最让人感动的时刻，就是当眼

前的表演令上述期待和"殚精竭虑"遭到背叛、观众那名为"守望""押注"的傲慢视线变得多此一举的瞬间。于是，作为观众的自己，莫名有种如愿以偿的感觉。

之所以会产生这种情动，恐怕正是因为观众自己也和偶像一样，凭着一具"业余性的＝拥有失败可能性的"身体活在这个世上。桧垣本人，也将作为赛马不确定性的源泉的竞赛马匹的身体，视作人类身体的投影（"赛马和人生，关乎的都是如何运用身体这件事"[11]）。同样，台上的偶像拥有的不是专业人士的"不会失败的"身体，而是业余的"可能会失败的"身体，观众恐怕正是在无意识中将自己无法随心所欲的身体与之重叠了。而当偶像对观众的负面期待一笑置之时，其中遭到背叛的不仅仅是观众对偶像身体的凝视，或许也包括观众对连同自身在内的普遍身体的凝视。如果说偶像的表演让人得到某种满足感或心灵净化的话，可能正是因为观众从中看到了身体的无限可能吧。

5 "赌博"和"追星"

上文中，我们从赌博性快乐出发，分析了观看偶像表演为何如此吸引人。接下来我想讨论的是，从"享受偶像的个人魅力"中获得的赌博性快乐。

香月孝史认为，"享受个人魅力"是今天偶像文化的共通特征。[12] 在偶像论中常说的"个人魅力"这一概念，指的不仅仅是一般意义上的人格和性格，也包括了行为背后的自我意识和从中渗透出来的"个人风格"等微妙含义。粉丝则追逐各种各样的内容产品，以享受偶像的个人魅力。又或许我们可以把是否"享受个人魅力"，视作普通观众和粉丝之间的区别。

粉丝在欣赏偶像表演和相关作品时，会在心中构想出偶像的形象。这一形象既可能是粉丝群体和媒体公认的，也可能是各个粉丝基于个人印象幻想出来的东西。这一形象会在粉丝每次享受作品时被强化，有时又会因为看到了偶像的崭新一面而被刷新。这种享受个人魅力的过程，也拥有前面说过的赌博式结构。

尤其是，不管是舞台还是综艺，偶像在进行某种挑战时，观众总是期待着其中的不确定性。而在克服困难的能动性中，又或是在中途的技术性失误中，偶像的个人魅力会流露出来。换言之，在"Performance＝表演"的失败中（看上去）会流露出"本性"，这正是观众所期待的。即是说，观看偶像表演就广义上而言，既是为了建构对偶像的解释而收集素材的行为,也是对自己的解释进行确认的行为(此处的"解释",类似动漫等创作领域中"解释一致/解释相悖"*这种俗语的意思)。如果说"笨拙的样子惹人怜爱""为偶像的成长加油鼓劲"这种说辞令人感到某种恶趣味的话,也许是因为其背后隐藏着期待偶像在失败中流露出个人魅力的想法吧。

像这样对个人魅力的享受进一步在时间上扩张的话,就会变成近似"追星"的行为。选中一名偶像长期"追"她/他的活动,便是将赌博的对象从偶像的"个人魅力"扩张为"人生"(事业或故事)。

而此处支撑赌博性快乐的,乃是偶像自身人生的不确定性。大多数现役偶像都处在职业生涯形成期,生活充满高度不可逆性和巨大变化。这其中不仅包括提高能力、克服挑战等偶像自身的变化,也包括偶像周遭环境和状况的变化。很多情况下,这种变化是不可逆的,而且这段充满变化的时期本身也在一分一秒流逝,成为"无法挽回的时光"。各种各样的可能性和选项慢慢收束的这一过程,正如同故事一般。

---

* 在日本的动漫爱好者中,"解释一致"指对角色或故事的理解与大众一致,"解释相悖"指对角色或故事的理解与大众不同。

投入金钱、时间和精力去"追"一个偶像，可以说正是字面意义上的在"赌"这场比赛。"追"偶像，就像是将赌注押在另一个人的"无法挽回的时光"之上。

偶像的作品之所以有很多都和季节性活动及青春主题有关，可能也是想通过反复描绘本应"无法挽回"的时光，从而更加凸显"只此一次"的感觉吧。而这种时间性结构，果然也和桧垣对赛马的解读有着共通之处。

> 如果说赛马如镜子般映照、串联起了人们记忆中的某些事物的话，那么此间的重复，并不是既视感那样的东西。在循环往复的架构中，马儿奔跑着。而我们名为人生的赌博，也总是处在这样的循环往复之中。[13]

如同桧垣将赛马和人生联系在一起，如果我们将观看偶像也和人生联系起来，也许可以说，观看偶像是将曾经拥有过的"无法挽回的时光"重新取回片刻的行为吧。同时，这也显示出在谈论观看偶像这件事的魅力时，情动和主观性有多么难以排除。

6 赌博性快乐背后隐藏的东西

上文中我们将赌博和观看偶像做比较,分析了观看偶像这一行为在美学上的快乐。下文我想要探讨,赌博中与这种快乐一体两面的"坏"的方面,也就是无责任性。

粉丝谈起欣赏偶像的体验时,经常会说"看偶像的感觉,很像是在看小孩子的运动会"。两者在结构上确实存在相近性,比如乐趣都来自可能会失败的紧张感,又比如观看者都会被超出预想的表演和成长所震惊,并从中感受到个人魅力和青春活力。我认为,"小孩子"这个比喻和"假想恋爱"等说法相比,似乎更能说明粉丝在偶像身上想要看到的东西。

不过当然,现实的亲子关系中,父母无法自由地选择孩子,孩子也不能选择父母,所以将粉丝比作"父母"并不合适,因为粉丝可以选择"偶像",也可以"脱粉"。粉丝可以自由地挑选"孩子"并下注。粉丝是不负责任的赌徒,而绝非家人。正因为有这样的前提,粉丝有时候会赌上无法挽回的时间、金钱和精力,这或许是为了建构起和偶像间的后天必然性。但要知道,并不是赌上资源就能免除这种无责任性了。

然而，上文论述的赌博性快乐，不如说正因为其强度，而掩盖了这种选择的无责任性。通过掩盖这种无责任性，赌博性快乐是从他者的"无法挽回的时光"中产生的这一事实，以及观众和表演者之间立场的非对称性，还有表演者在舞台内外承担的结构上的劣势，都变得难以察觉。

毋庸赘述，偶像界现在也存在许许多多的问题。其中包括工作时间和报酬方面违反劳动法的问题、儿童劳动问题、性剥削问题、毕业后的后续发展问题、压力和诽谤中伤造成的精神问题等。有些问题不止发生在偶像界，而是在演艺圈中普遍存在，有些则是偶像业固有的问题。

但是，就算这些问题都得到解决、业界彻底变干净了，也无法消除观看偶像这件事在根本上的无责任性。从偶像身上得到的赌博性情动，同样无法和赌博本质上的无责任性、危险性切割开来。用最简单的话说，"好"和"坏"是一体两面、不可分割的。和开头说过的一样，本章中故意使用"赌博"这种"有问题"的比喻，就是为了表现这种不可分割性。如果粉丝认识不到这种一体两面性的话，就会追求"干净的偶像消费"这种不切实际的幻想，而在事实上沦为对现状的肯定，或是干脆否认"坏"的一面的存在。

对这种否认态度的批判,有如下一例。文学研究者内藤千珠子在《"偶像国度"的性暴力》一书中,提到了既存的偶像论中存在一种论调,也就是否认握手会等身体接触交流方式的性意味。内藤先是表示,一些粉丝自认为并没有带着性目的,而是把握手会当作单纯的交流场所,对于这些人,她"并没有打算否定粉丝个人的实际感受",随后她写道:

> 然而,问题在于偶像论的话语结构。即是说,当我们分析握手会这一符号,视其为金钱交换性接触的隐喻、性接触的象征,却会听到一些辩解的声音,这些声音试图否认其中的性色彩,制造一种公然的秘密。他们明明知道其中的性意味,却模糊其性质并主张其不含有性色彩,从这种矛盾中可以看出他们对消费中的不对称性怀有罪恶感。而这种矛盾,恰恰是支撑一切偶像故事的核心逻辑。[14]

内藤在这里想要探讨的,并不是"握手会"在实际上是不是被看作带有性意味的接触活动。而是说,明明这种交流明显地伴有身体接触,有充分理由被视作带有性意味的接触（而且就像内藤随后介绍的那样，有很多粉丝就是把这当作一种性接触，这是众所周知的事情），粉丝却连这点微妙的性色彩都试图否定掉，内藤想要质疑的正是这种否认的姿态本身。

正如内藤自己解释过的，书中分析的并不是现实中的偶像现象，而是偶像理论以及描写偶像的虚构作品。吉田豪在该书书评中也指出，书中涉及的偶像论仅针对2010年到2015年左右的以AKB48系列组合为中心的偶像圈[15]，因此不能将内藤的批判原封不动地当成对现实中的偶像圈及偶像粉丝的批判。但是，"对在肯定或维护偶像的过程中容易出现的否认姿态加以批判"这一内藤对"偶像论"的分析方向是非常重要的。

此外，内藤所说的"对消费中的不对称性怀有罪恶感"，确实经常会在讨论偶像界的问题时，以粉丝自我批判的形式表现出来。从我个人的感觉上讲，比如说对于"接触"或"竞争"这些机制，持怀疑态度的粉丝应该也不在少数。因为关注偶像圈的人，肯定见过很多表演者因为这些机制推行得太过头而精疲力竭的模样。

不可否认，这种怀疑态度中虽然的确含有对偶像的担心，但是说句不中听的，也有对自己这项娱乐的可持续性的担忧。于是，"虽然个人来说不喜欢这种机制，但这对偶像这门生意来说是必要的恶。如果要否定这些的话，还不如一开始就不要追偶像了"等类似论调也屡见不鲜。无论是"偶像就是这样的东西"这种现实主义风的破罐破摔，还是"那些坏的地方正是偶像的妙处"这种恶趣味，都来自想要将"好"和"坏"切割开来的态度。

7 如何限制对"活生生的人"的欲望，及其困难

如同上文所说，观看偶像给我们带来了各种快乐，有时甚至会成为我们生活的支柱。然而，如果执着于这种切身感受到的"好处"，当别人指出偶像界存在的各种问题，或是批判观看偶像这种行为本质上的"坏处"时，就会难以接受这些批判。

本章中提出"赌博"这个工作假说性质的比喻，是想表现出"看偶像"这件事中"好"与"坏"的一体两面性，让粉丝们可以从这里出发，承认并接受两者的存在，在此之上讨论偶像业的可持续性和表演者的权利。看偶像既不是无条件的"好"事，也不是无条件的

"坏"事。不如说，正因为有"好"才有"坏"，反之有"坏"才有"好"，两者是不可分割的。只有认识到这点，从"好"的角度看待偶像的粉丝群体，才能对偶像界的各种问题达成共识，直面"坏"的存在并展开讨论。

举例来说，目前"活生生"的偶像个体所承受的弊端和重负，像是偶像台上台下界限模糊导致的长时间劳动及隐私问题、儿童劳动问题和毕业后的后续发展问题，很多时候都被当作一种个人选择来看待。当然，近年《地下偶像的法律商谈》[16]和《偶像保健体育》[17]等书相继出版，能看出环境也在慢慢改变。这些围绕偶像个体的讨论，既不应看成是对偶像娱乐泼冷水，也不应成为声讨偶像之"坏"的工具。

最后我想聊聊，要怎么看待"明知道会损害某个'活生生'的人的生活，也要满足自己的欲望"这个问题。

比方说，现如今，当粉丝想要在社交媒体上发布拿偶像开涮的毒舌笑话和恶搞，又或是在二次创作中描写性方面的内容或明显无视当事人意志的妄想时，要设置阅览限制、使用隐语，避免让偶像本人和普通粉丝看见，这已经是大家心照不宣的共识了。关于这点,BL（Boy's Love）二次创作领域的过往讨论很有参考价值。如《BL教科书》一书中，就讨论了将男子偶像组合成员作为描写对象的 BL 向同人小说（也就是所谓的"真人同人 / Real Person Slash"）圈中的约束和自主约束问题。[18]

即便如此，这一点也很难用普通的方法来解决。其中不光有如何划定"圈地自萌"范围的原理性问题，有时也会出现因为社交媒体的普及，使本应局限在小圈子里的创作流向圈外，乃至传到表演者本人眼前的情况。这些问题和情况不仅限于偶像领域，在各个领域都有发生。最初带有恶意的玩哏，在被大众津津乐道并传播的过程中失去了其负面含义，作为中性词广为流传，像这样的事情也层出不穷。

近年来，偶像文化也变得跨国化。我们每每会发现某个国家的常识在另一个国家或文化圈中可能无法通用，或者以全然不同的方式被理解。这既可能带来积极的影响，也可能带来消极的影响。"圈地自萌"的效果已经变得越来越难以预测，划定界限和实施起来也极其困难。像这种可能会对"活生生"的人的生活造成侵犯的欲望究竟要如何处置才好，这一问题现在也被不断追问着。随着越来越多人开始从正面谈论"追"偶像这件事，我们有必要重新反省"观看偶像"中包含的危险和处置欲望的困难。

注释

1 "賭博",小学館国語辞典編集部编《精選版 日本国語大辞典》第二卷,小学館,2006,第1845页。
2 檜垣立哉:《賭博/偶然の哲学》(シリーズ・道徳の系譜),河出書房新社,2008。
3 檜垣立哉:《哲学者、競馬場へ行く——賭博哲学の挑戦》,青土社,2014。
4 同注释2第167页。
5 同注释2第37页。
6 同注释2第14页。
7 同注释2第18页。
8 同注释2第52页。
9 同注释3第90页。
10 同注释2第170页。
11 同注释2第49页。
12 香月孝史:《"アイドル"の読み方——混乱する"語り"を問う》(青弓社ライブラリー),青弓社,2014,第103页。
13 同注释2第177页。
14 内藤千珠子:《"アイドルの国"の性暴力》,新曜社,2021,第35页。
15 吉田豪:《"アイドル"と"慰安婦"を結びつけて平和の国に浮かび上がる戦争と性暴力》,《週刊新潮》,新潮社,2021年9月30日秋风月増大号。
16 深井剛志、姫乃たま、西島大介:《地下アイドルの法律相談》,日本加除出版,2020。
17 竹中夏海:《アイドル保健体育》(CDジャーナルムック),シーディージャーナル,2021。
18 西原麻里:《男性アイドルとBL——BLのまなざしで男性集団の"絆"の描かれ方を読み解く》,堀あきこ、守如子编《BLの教科書》,有斐閣,2020。

结语

上冈磨奈

不光是偶像,我们经常会和朋友、家人、熟人、偶然相识的人一起谈论某些共同的兴趣爱好。有时是面对面聊天,有时是线上交流,这些都是日常中时有发生的。而在这种时候,哪怕大家喜欢的是同一个偶像或作品,喜欢的方式以及欣赏的角度对双方来说都是重要的问题。即便想着要用共同话题炒热气氛,也可能会"踩到地雷"(提到了对方不喜欢的或者敬而远之的话题),或是认识到彼此的"宗派不同"(看待作品的方式不同),最后不得不打住话头,这种情况也不少见吧。

就算笼统地说自己对偶像感兴趣,究竟是怎样一种感兴趣,每个人也可能各不相同,有时人们也会因为没有意识到这点而导致聊天陷入僵局。为了避免意外冲突，也有必要认识到，即使大家表面上都是同一个偶像的粉丝，每个人的想法也一定会有差别。事实上，有越来越多的人开始带着这种意识选择或避开某些交流场合。回想起来，我自己在和朋友聊天时，经常会添上一句"虽然我喜欢～～""我虽然可以聊～～，但是不太想聊～～"，彼此之间先确认过"可以聊～～的话题吗？"，再往下聊。

本书中谈到的种种"矛盾之情"，经常会在和他人的聊天中浮现出来吧。"关于这点我自己觉得有问题，但对方是怎么想的呢？"又或是"我完全没有意识到这点，对方却思考得这么深？"，我时常会像这样来来回回地思考，为无法得出"正确答案"而焦躁不安，虽然感觉到某个议题很重要，最后却草草结束了对话。这或许是因为涉及的话题太过复杂，无法轻而易举地解决，明明是喜欢的东西，却越聊越沮丧。有时候还会在心中抱怨，"我只想纯粹地喜欢，为什么要思考那些事情呢"，以至于试图回避话题本身。

对于一件事情，我们拥有的视角未必只有一个，边喜欢边批判当然是可能的，想必也会发生虽然认同部分批判和讨论，但仍百思不得其解的情况。但是，至少对我自己来说，就算不得其解也要坚持讲述心中的迷茫，这一点是很重要的。这样的讲述或许也会传达给"宗派"不同的人，以及那些处在迷茫中的人，引发出新的见解和想法，推动和问题本身有关的新进展。我在心中祈祷着这种可能性。

本书源自三名编著者自主发布的线上对谈，在此基础上构思了企划。当时也不知道会有谁看，只是抱着也许会有人感兴趣的想法上传了视频，能够延伸至书籍这一不同媒介，可以说是新的收获。然而，由于篇幅所限，每天也在不断发生新的变化，肯定还有很多想谈论的东西无法尽数收录在本书中。书中的内容，并不是要为一个个问题盖棺论定，而是如同最后一页后面留下的空白一样，寄托着我们抛砖引玉的期盼。比起下结论说这是"正确答案"、那是"正确答案"，最重要的是先开始分享我们心中的这份迷茫。

我要衷心感谢青弓社的半泽泉老师，让本次讨论有机会抵达更多人。为了避免书中有关话题的详细背景和微妙之处沦为单纯是在吸引人眼球的夸夸其谈，我们在出版前对这些细节逐一进行了慎重探讨。当然，书中难免会有遗漏的角度或是考虑不周的观点。连同这些不足在内，希望本书能激起大家更多的思考。最后我想感谢所有曾在各种场合和我一起讨论偶像的朋友、熟人、家人,以及那些我曾与之交谈但从未知道姓名的人,还有参与偶像文化实践的每一个人,那么容我就此搁笔。

2022 年 5 月 于德国波鸿

[编著者]

香月孝史
1980年出生于东京。东京大学大学院学际情报学府博士课程满学分退学。主要从事流行文化相关的写作和批评。著有《乃木坂46的戏剧学》和《读懂"偶像"》,合著有《惊呆了!原来这就是社会学》等。

上冈磨奈
1982年出生于东京。庆应义塾大学大学院社会学研究科博士后。专攻文化社会学和文化研究。合著有《"为爱好而活"的文化论》等。

中村香住
1991年出生于神奈川。庆应义塾大学文学系、大学院社会学研究科临时讲师。专攻性别、性取向的社会学。合著有《女孩、媒体、研究》《触手可及的社会学》《我们的"战斗公主,劳动少女"》等。

[著者]

筒井晴香
1983年出生于新潟县。东京大学生产技术研究所机械·生体系部门中野公彦研究室特任研究员,玉川大学教育学系临时讲师。专攻哲学、应用伦理学和性别研究。合著有《性》《一看就懂的性别研究》等。

稻田易
1994年出生于大阪。同人社团"手羽虎委员会"成员。以同人志形式出版关于早安歌曲的文章《我只是没有——说明。》《我们的中学考试女性主义》等。

DJ 泡沫
1984年出生于东京。2018年开始为媒体撰写关于韩国偶像、音乐和粉丝文化的文章，著有《从音乐制作的角度看 K-POP 现状》，合著有《BTS 日志》等。

金卷智子
1975年出生于神奈川县。作为游戏编剧和小说家曾参与创作《天堂的异乡人：最终幻想起源》《王国之心 358/2 天》《为谁而炼金》，也撰写关于女性爱好和娱乐的评论及文章，著有《想见你》《宅女30年战争》等。

田岛悠来
1985年出生于佐贺县。帝京大学文学系讲师。专攻媒体学和流行文化研究。著有《"偶像"的媒体史》，共同编著有《媒体、内容、研究》，合著有《后信息媒体理论》等。

松本友也
1992年出生于东京。作家，为多家网络媒体撰写关于东亚偶像文化的系列文章。连载文章有《从 K-POP 诞生的"故事"》《韩国流行文化漫游》等。

明室
Lucida

照亮阅读的人

主　　编　陈希颖
副 主 编　赵　磊
策划编辑　刘麦琪
特约编辑　王佳丽
营销编辑　崔晓敏　张晓恒　刘鼎钰
设计总监　山　川
装帧设计　之淇 @ 山川制本 workshop
责任印制　耿云龙
内文制作　丝　工

版权咨询、商务合作：contact@lucidabooks.com

上海光之室文化传播有限公司　　　　　Shanghai LUCIDAbooks Co., Ltd.

图书在版编目（CIP）数据

关于偶像，一边纠结一边思考 / （日）香月孝史，（日）上冈磨奈，（日）中村香住编著；小水译. -- 北京：北京联合出版公司，2025.5. -- ISBN 978-7-5596-8065-5

Ⅰ. G131.3-53

中国国家版本馆CIP数据核字第2024QK5003号

北京市版权局著作权合同登记号 图字：01-2024-6422号

关于偶像，一边纠结一边思考

编　著　者：［日］香月孝史　上冈磨奈　中村香住
译　　　者：小　水
出 品 人：赵红仕
策划机构：明　室
策划编辑：刘麦琪
特约编辑：王佳丽
责任编辑：李艳芬
装帧设计：之淇 @山川制本 workshop

北京联合出版公司出版
（北京市西城区德外大街83号楼9层　100088）
北京联合天畅文化传播公司发行
北京市十月印刷有限公司印刷　新华书店经销
字数125千字　787毫米×1092毫米　1/32　7.75印张
2025年5月第1版　2025年5月第1次印刷
ISBN 978-7-5596-8065-5
定价：58.00元

版权所有，侵权必究
未经书面许可，不得以任何方式转载、复制、翻印本书部分或全部内容。
本书若有质量问题，请与本公司图书销售中心联系调换。
电话：（010）64258472-800

AIDORU NI TSUITE KATTO SHINAGARA KANGAETEMITA
GENDER/PERSONALITY/"OSHI"
edited by KATSUKI Takashi, KAMIOKA Mana, NAKAMURA Kasumi
Copyright © 2022 KATSUKI Takashi, KAMIOKA Mana, NAKAMURA Kasumi
All rights reserved.
Originally published in Japan by SEIKYUSHA, Tokyo.
Chinese (in simplified character only) translation rights arranged with SEIKYUSHA, Japan through THE SAKAI AGENCY and BARDON CHINESE CREATIVE AGENCY LIMITED.

Simplified Chinese translation copyrights © 2025 by Shanghai Lucidabooks Co., Ltd., China